KB238236

중급자를 위한

인도네시아어

《단어, 어휘, 회화》
조수민

INDONESIA

INDONESIA

INDONE

1945
문예림

조수민

1) 1990년 부산 동아대학교 경제학과 졸업, 1994년까지 부산 중앙동 소재
   장홍채(작고) 회계사무소 근무
2) 인니 체류 기간 : 1994년 9월 7일부터 2010년 9월 29일 현재(만 16년 남짓)
3) 인도네시아 근무 경력
   가. KODECO 그룹(한국남방개발) 경리과장 : 1995년 ~ 2003년(약 8년 간)
   나. ㈜재현정밀 인도네시아(삼성전자 인도네시아법인 1차 협력업체)경영지원부장 재직 중

－인도네시아어 비 전공자이지만 저와 상주 기간이 비슷한 전공자 지인들의 실력 이상이라고 자신할
정도로 많은 노력을 하였음을 감히 말씀 드립니다.

중급자를 위한
인도네시아어
《〈단어, 어휘, 회화〉》

초판 인쇄 : 2011년 3월 10일
초판 발행 : 2011년 3월 15일
저　　　자 : 조 수 민
발 행 인 : 서 덕 일
발 행 처 : 도서출판 문예림
등　　　록 : 1962. 7. 12　제2-110호
주　　　소 : 서울시 광진구 군자동 1-13 문예하우스 101호
전　　　화 : (02)499-1281~2
팩　　　스 : (02)499-1283
http://www.bookmoon.co.kr
E-mail:book1281@hanmail.net

ISBN 978-89-7482-567-6 (13790)

＊잘못된 책이나 파본은 구입하신 곳에서 교환해 드립니다.
＊저자와 협의에 의해 인지는 생략합니다.

머리말
(Kata Pengantar)

인도네시아어를 공부하는 과정에서 대부분 학습자들이 가장 공통적으로 호소하는 어려움은 초급 단계의 공부를 어느 정도 습득한 이후 다음 단계의 학습을 하기 위한 적절한 교재가 사실상 없다 보니 인도네시아어 공부를 계속 지속하려는 분들께서 적절한 학습 방법을 쉽게 찾지 못하여 오랜 기간 실력 향상의 답보 상태로 가게 되고 심지어 잘 못 배우게 되는 실수도 자주 범하게 됩니다.

근 20년 가까이 인도네시아 현지에 상주하면서 오래 전부터 계획하고 준비해온 자료를 토대로 대부분 한국인 학습자들께서 겪는 상기의 시행착오를 더 이상 겪지 않도록 하는데 초점을 맞추어 이렇게 한 권의 책으로 만들게 되었습니다.

어느 나라이든 그 나라 언어를 빨리 습득하는 것은 힘든 일이라고 봅니다.

인도네시아어도 당연히 예외가 아니라 생각하며 인도네시아어의 큰 특징이 기본적이고 간단한 회화를 위하여 들이는 시간, 즉 초급 단계부분의 이해도는 다른 나라 언어들보다 다소 쉽게 느껴지는 측면이 크다고들 하십니다.

하지만 그 시점 이후부터가 대부분의 사람들에게 그 동안 상상도 못 했던 어려움들을 점차 느껴 가고 심지어 중도에 거의 포기를 해 버리는 분들도 적지 않게 보아 왔습니다. 인도네시아어가 초급단계에서 중급단계 이상으로 도약하는 과정이 얼마나 어려운 가를 여실히 보여주는 부분입니다.

하지만 인도네시아에서의 사업, 직장 생활 등에서의 직원 관리, 서류 관리, 대 관공서 업무 등에서 오류를 최소화하고 관리 능력 배양을 통한 성공적이고 효율적인 인도네시아 생활을 위하여서는 인도네시아어 실력 향상 도모는 필연적이라고 생각합니다.

마지막으로 많은 분들이 이 교재로써 인도네시아어 연결 학습에 효율적으로 이용 되어지는 지침서가 되기를 바랍니다.

저 자

Contents

동부 자와 수라바야 시에서 차량으로 약 2시간 거리에 있는 브로모 화산의 해발 약 3천 미터 정상에서 들여다 본 분화구 전경.

위의 사진은 평상시의 전경이고,

아래 사진은 2010년 11월 말 경에 발생한 소규모 폭발 당시 촬영 사진.

 인도네시아 비자

인도네시아에 입국하기 위한 비자는 크게 아래 3 가지 유형이 있습니다.
세부 내용은 간간이 변경되기도 하여 필요 시 사전 확인이 필수입니다.

1. 체류 비자(취업 비자)
  1) KITAS(Kartu Izin Tinggal Terbatas, 단기체류허가)
    가. 인도네시아에서 근로 목적으로 체류하는 외국인에 한하여 발급, 주민 등록 등본 상의 가족 포함.
    나. 입국일로부터 7일 이내에 관할 이민국에 신청서 제출하여야 합니다.
    다. 1년 한도 체류 비자 : 1년 씩 4회 연장 가능, 만 5년 만료 후 필히 출국, 재 수속하여야 합니다.
  2) KITAP(Kartu Izin Tinggal Tetap, 영구체류허가)
    가. 5년까지 유효, 매 5년마다 연장 가능. 영주권과 비슷합니다.
    나. 발급 요건이 까다롭고(최소 5년 이상 KITAS 지속, 직급이 높을수록 수월 등) 비용도 비쌉니다.
    다. KITAP 소지자는 인도네시아 국적 취득을 신청할 수 있음. 미국처럼 시민권을 취득키 위한 사전 영주권 취득과 비슷합니다.

2. 방문 비자
 1) 문화(social) 비자
    가. 정치, 관광사업, 친지 방문, 문화교류 등 목적의 초청장 없이는 발급이 불가합니다.
    나. 60일 체류 가능 및 30일 씩 4회까지 연장 가능(매 회 별도 수속비) 총 6개월 체류 가능합니다.
 2) 비즈니스 비자
    가. 인니 법인에서 초청 목적이 기재된 초청장을 작성 후 관할 이민국에서 비자 케이블을 취득, 주한 인니대사관으로 송부.
    나. 비자 발급 : 여권과 비자케이블을 주한 인니대사관으로 가져가서 직접 신청 또는 비자발급 대행사를 통하여 신청, 약 5일 이내 취득 가능.
    다. 60일 체류 가능 및 30일 씩 4회까지 연장 가능(매 회 별도 수속비) 총 6개월 체류 가능합니다.

3. 일반 관광 비자(VOA)
 1) 30일 체류로 제한, 연장 불가
 2) 티켓 구입은 왕복항공권을 필히 취득하셔야 합니다.

I. 초급용 단어들의 복습

　중급용 단어들을 학습하기 전에 필수적으로 알고 있어야 할 상용 초급 수준의 단어들을 복습 및 재점검하기 위하여 모아 보았습니다. 하기 초급용 약 1,230 단어와 다음 장에 나오는 중급용 약 770 여 단어를 합하여 대략 2,000 단어가 고급 인도네시아어를 구사할 수 있는 단계로 가기 위한 필수 단어들입니다.

북 술라웨시의 해양 리조트

번호	단어	의미	번호	단어	의미
1	abai, mengabaikan	무시하다	25	angin	바람
2	abu abu	회색	26	angkat	들다 ~an : 군인
3	ada	있다	27	angsur	줄이다, 분할 지불하다 ~an : 분할(할부) 지불
4	adalah	~이다	28	anjing	개
5	adik	동생(남, 여)	29	antar	배웅하다, 안내하다
6	adil	공정한, 공평한	30	antara ~	~사이 ~A dan B : A와 B 사이
7	agama	종교			
8	ahli	전문가	31	anting-anting	귀걸이
9	akan	~할 것이다(예정이다)			
10	akar	뿌리	32	antuk	졸다
11	akhir	끝 ~nya : 결국, 마침내	33	apa	무엇
			34	api	불
12	alam	자연	35	apotik	약국
13	alamat	주소	36	arah	방향
14	alasan	이유, 동기	37	arang	숯
15	alat	기구, 도구, 공구	38	arti	의미, 뜻 cf) mengerti : 이해하다
16	alis	눈썹			
17	aman	안전한	39	artis	배우, 연예인
18	ambil	가지다	40	asah, mengasah	갈다, 빻다
19	amplop	봉투			
20	anak	아이, 자녀	41	asal	출생, 근원 ber~ dari A : A 출신이다
21	ancam	협박			
22	aneh	이상한	42	asam	(맛이) 시다
23	anemia	빈혈	43	asap	연기
24	anggar	예산을 세우다 ~an : 예산	44	asin	(맛이) 짜다

번호	단어	의미	번호	단어	의미
45	asing	외국의, orang ~ : 외국인	66	baik	좋다
46	asli	원본, 진짜	67	baja	강철
47	asma	천식	68	baju	윗옷
48	asrama	기숙사	69	bak	욕조, 대야
49	asuransi	보험	70	bakar	태우다, 굽다
50	atap	지붕	71	bakti	봉사
51	atas	위, ~an : 상관	72	balik	되돌아오다, 뒤집히다, 역행하다 cf. putar ~ : 유턴하다.
52	atur	정돈(정리)하다 cf) peraturan : 규정	73	balut	붕대
			74	bambu	대나무
53	awal	시초, 기원	75	bandara	공항
54	awan	구름	76	bangga	자부심, 자랑스러운
55	awas	조심하다	77	bangku	긴 의자, 벤치
56	ayam	닭	78	bangsa	국민, 민족
57	babi	돼지	79	bangun	일어나다 mem~ : (건물을) 짓다
58	baca	읽다			
59	badan	신체, 몸 =tubuh	80	banjir	홍수, 넘치다
			81	bank	은행
60	bagaimana	어떻게	82	bantal	베게
61	bagi	~를 위한(~에 관한), 부분 mem~ : 나누다	83	bantu	돕다
			84	banyak	많다
62	bahagia	행복	85	bapak	아버지(=ayah), ~씨
63	bahasa	언어	86	barang	물건
64	bahaya	위험, ber~ : 위험한	87	barangkali	아마, 추측컨대
65	bahu	어깨 cf. ~ jalan : (도로) 갓길	88	barat	서쪽
			89	baru	새로운

번호	단어	의미	번호	단어	의미
90	baru saja	방금 = barusan	115	berani	용감한
91	batal	취소하다	116	berapa	얼마나, harga ~? 가격이 얼마입니까?
92	batu	돌			
93	batuk	기침	117	beras	쌀
94	bau	냄새, 악취	118	berat	무거운, 부담스런
95	baut	볼트	119	berdiri	일어서다
96	bawa	가져오다(가다)	120	beres	정리된
97	bawah	아래	121	berhantam	싸우다 '= berkelahi
98	bayar	지불하다			
99	bea cukai	세관	122	beri	주다 = kasi
100	bebas	자유	123	berita	소식, 보고
101	begini	이렇게	124	beritahu	알리다 (구어체 = kasitahu)
102	begitu	그렇게			
103	beku	얼다	125	bersih	깨끗한(~kan 청소하다)
104	belajar	배우다	126	besar	크다 : 작다(kecil)의 반의어
105	belanja	장보러가다, 쇼핑하다			
106	belakang	뒤, 등	127	besi	쇠
107	beli	사다	128	betis	종아리
108	beliau	그 분	129	betul	맞다, 옳다
109	belok	곡선, 돌다	130	biasa	보통, 익숙한
110	belum	아직(부정문), 비교) masih(아직, 긍정문)	131	biaya	비용
			132	bibir	입술, 모서리
			133	bibit	씨앗
111	benar	올바른, 진실한	134	bicara	말하다 '= bilang
112	bencana	재해, 재난 = musibah			
113	bentuk	형상, 형태	135	biji	씨앗, ~ ~an : 곡식, 곡류
114	berak	대변			

번호	단어	의미	번호	단어	의미
136	bikin	만들다 = membuat	161	buku tulis	노—트
137	binatang	동물, 곤충	162	bulan	달, 월
138	bioskop	극장	163	bulat	둥근
139	biru	푸른, 파란	164	bunga	꽃, 이자
140	bodoh	어리석은	165	bungkus	포장하다
141	bohong	거짓말	166	bunuh	죽이다 ~ diri : 자살하다
142	bola	공			
143	boleh	가능한, 허용되는	167	bunyi	(동물 등의 울음) 소리
144	bongkar	풀다, 내리다(하 역하다), 부수다	168	buru-buru	급하게
			169	buruh	인부, 노동자
145	bor	송곳	170	buruk	썩다, 낡은
146	boros	낭비하는	171	burung	새
147	bosan	싫증난, 지겨운	172	busa	거품 = buih
148	botak	대머리	173	busuk	부패한, 썩은
149	botol	병	174	butuh	필요하다
150	bronkitis	기관지염	175	cabang	가지, 지점, 지사
151	buah	과일(buah buahan : 과일류)	176	cabe	고추
			177	cabut	뽑다, 빼다
152	buang	버리다	178	cacat	결함 orang ~ : 장애인
153	bubur	죽			
154	budaya	문화	179	cadang	비축하다 ~an : 비축
155	budha	불교			
156	bujangan	독신남, 미혼남	180	cahaya	빛
157	bukan	아니다(명사, 대명사의 부정)	181	cair	액체가 되다 ~an : 액체, 액화
158	bukit	언덕	182	calon	후보자
160	buku	책	183	campur	섞인, 혼합된

번호	단어	의미	번호	단어	의미
184	canda	농담	204	cita-cita	이상, 열망
185	cangkir	잔	205	cium	(냄새를) 맡다, 키스하다
186	cantik	예쁜	206	coba	시도하다, ~하라(가벼운 명령형)
187	cap	도장			
188	cape	피곤한	207	cocok	어울리다
189	cara	방법	208	contoh	예, 보기
190	cari	찾다	209	copot	빼다, 제거하다
			210	cuaca	기후, 날씨
191	cat	페인트	211	cuci	씻다
192	catat	적다, 메모하다	212	cucu	손주
193	celaka	사고(kecelakaan), 제기랄!(감탄사)	213	cuka	식초
			214	cukup	충분한
194	celana	바지 ~ dalam : 속옷(팬츠)	215	cuma	오직, 단지(=hanya)
			216	cumi-cumi	오징어
195	cemburu	질투하는	217	curi	훔치다
196	cenderung	마음이 기우는(내키는), 비스듬한	218	cuti	휴가
197	cepat	빠른 cepat-cepat : 빨리 빨리	219	dada	가슴 cf. 유방 : payudara
			220	dadak	men~ : 갑자기
198	cerai, bercerai	이혼하다, 갈라서다	221	daerah	지역
			222	daftar	목록
199	cerca	비웃음, 멸시	223	dagang	거래, 무역
200	cermin	거울	224	daging	육 고기
201	cicil	분할 납부하다 ~an : 분납, 할부	225	dagu	턱
			226	dahak	가래, 담
202	cina	중국	227	dahi	이마
203	cinta	사랑	228	dalam	안, 내부, 깊은

번호	단어	의미	번호	단어	의미
229	damai	평화로운	252	derajat	도 , 온도
230	dana	자금, 기금	253	detik	초(初)
231	danau	호수	254	dia	그, 그녀
232	dapat	획득하다, 얻다	255	diam	조용한
233	dapur	부엌	256	didik	교육(=pendidikan)
234	darah	피, 혈액	257	dilarang	금지
235	darat	육지	258	dinding	벽
236	dari	~로부터, ~보다(비교급)	259	dingin	춥다, 차다
237	dasar	근거, 기초	260	diplomasi	외교
238	dasi	넥타이	261	diri	자신
239	datang	오다	262	diskusi	의논(토론)하다
240	daun	잎	263	doa	기도
241	daya	힘, ~ saing : 경쟁력 ~ kuda : 마력	264	doang	오직(속어 성 구어체)
			265	dosa	죄, 범죄
242	debu	먼지	266	duduk	앉다 penduduk : 인구
243	desa	마을. 촌락, 리	267	duit	돈
244	dekat	가까운	268	duka	슬픔
245	demam	열	269	dukung	업다, 지원하다
246	demokrasi	민주주의	270	dulu	이전에(문장 앞), 먼저 (문장 뒤)
247	demonstra si	시위, 데모 '= unjuk rasa	271	dunia	세계, cf) bumi : 지구, 토지
248	denda	벌금, 연체료			
249	dengan ~	~와 함께	272	duri	가시
250	dengar	듣다, kedengaran : 들리다	273	duta	대사 cf. kedutaan 대사관
251	depan	앞	274	ekor	꼬리, 마리

번호	단어	의미	번호	단어	의미
275	ekonomi	경제	300	garis	선, 줄, peng~ : 자
276	ekspor	수출			
277	ekspo	박람회, 전시회	301	garpu	포-크
278	ekstern	외부의	302	gatal	가려운
279	emas	금	303	gedung	건물
280	ember	물통	304	gelap	어두운
281	embun	이슬	305	gelas	컵
282	empadu	쓸개	306	geli	간지러운
283	enak	맛있는, 기분 좋은	307	gembira	기쁘다
284	eropa	유럽	308	gempa	지진, ~ bumi : 지진
285	final	결승, 마지막			
286	fungsi	기능	309	gemuk	뚱뚱한
287	gabung	합치다	310	gendut	살찐
288	gadis	소녀	311	gerak	움직이다
289	gagal	실패하다	312	gereja	교회
290	gaji	월급, 급여	313	gergaji	톱
291	galak	사나운	314	geser	옮기다
292	gambar	그림, 도면	315	gigi	이, 치아
293	gampang	쉬운 = mudah	316	gigit	물다
294	ganda	배(倍)	317	gila	미친
295	ganggu	괴롭히다, 방해하다	318	giling	갈다, 빻다
296	ganteng	잘생긴, 미남의	319	giliran	순서
297	ganti	바꾸다	320	ginjal	콩팥, 신장
298	gantung	걸다, cf. tergantung ~ : ~에 달려 있다.	321	goda, meng~	유혹하다
			322	gorek	긁다
			323	gores	할퀴다, 긁다
299	garam	소금	324	goreng	튀기다

번호	단어	의미	번호	단어	의미
325	gosok	문지르다	347	hari	요일, 하루, 날(~ raya : 경축일)
326	goyang	흔들리다	348	harimau	호랑이
327	gudang	창고	349	harta	재산
328	gula	설탕, cf. gula-gula : 사탕	350	harus	~해야 한다
329	gunting	가위	351	hasil	성과, 수확, 실적
330	gunung	산(山)	352	hati	간, 마음, hati-hati : 주의하다
331	guru	교사, 선생	353	haus	목마르다
332	habis	끝나다, 남지 않다	354	hawa	기후
333	hadiah	선물, 상	355	henti, berhenti	멈추다
334	hadir	참석하다	356	heran	놀라다
335	haid	생리, 월경	357	hias, berhias	장식하다, 화장하다
336	hak	권리, 권	358	hina, menghina	비난하다, 경멸하다
337	halus	부드러운, 세련된, 고상한	359	hidung	코
338	hamil	임신하다	360	hidup	살아 있는, 삶, 인생
339	hampir	거의	361	hijau	녹색의
340	hancur	부서진, 파괴된	362	hilang	잃은, 사라진
341	handuk	수건	363	hingga	~까지 se~ : 이르기까지, 결국, 급기야
342	hangat	미지근한	364	hitam	검은 색의
343	hanya	오직(=cuma)	365	hitung	계산하다
344	hapus	지우다. peng~ : 지우개, peng~an : 해소	366	hormat	존경, 존중, 정중한 meng~ : 존경하다, 존중하다
345	harap	요청하다 ~an : 희망			
346	harga	가격			

번호	단어	의미	번호	단어	의미
367	hubung, berhubung	관련(연관)있다 ~an : 관계	389	istimewah	특별한
368	hujan	비	390	istirahat	휴식
369	hukum	법, 법률	391	istri	아내, 처
370	huruf	문자, 글자 ~ mati : 자음	392	itu	그것
371	hutan	숲 ~ lindung : 보호림	393	izin	허가, 승인
372	hutang	부채, 빚	394	jabat	잡다, 차지하다 ~an : 직무, 보직
373	ibu	어머니, 아주머니	395	jadi	이루어진, ~이 되다, 그래서
374	ikan	물고기, 생선	396	jaga	지키다
375	ikat, mengikat	묶다	397	jago	챔피언
376	ikut, mengikut	따라가다, 합류하다	398	jagung	옥수수
377	ilegal	불법의	399	jahat	나쁜
378	ilmu	지식	400	jahe	생강
379	indah	아름다운	401	jahit	바느질
380	industri	공업, 산업	402	jaket	재킷, 잠바
381	infeksi	감염, 전염	403	jaksa	검사(검찰) ~ agung : 검찰총장
382	informasi	정보	404	jalan	길, 걷다 jalan-jalan : 산책하다
383	Inggris	영국	405	jam	시간, 시계
384	ingin	원하다, 바라다	406	jamin	보증
385	ini	이것	407	jamu	약초
386	intern	내부의	408	jamur	버섯
387	iri	~ hati : 부러운	409	jangan	~마라(명령어)
388	isi	내용	410	janji	약속
			411	jantung	심장

번호	단어	의미	번호	단어	의미
412	jarang	드문	436	jumlah	합계
413	jarak	간격, 거리	437	jumpa	만나다
414	jari	~ tangan : 손가락, ~ kaki : 발가락	438	kabar	소식, 뉴스
			439	kabupaten	군(郡)
415	jaring	그물 ~an : 망(통신망, 방송망 등)	440	kabur	흐린
			441	kaca	유리 ~mata : 안경
416	jarum	바늘			
417	jasa	용역	442	kadang-kadang	가끔
418	jatah	할당, 몫	443	kaget	놀라다
419	jatuh	떨어지다, 넘어지다	444	kagum	감탄하다
420	jauh	먼	445	kain	천
421	jawab	대답, 답변	446	kakak	손위 형제
422	jaya	위대한	447	kakek	할아버지
423	jelas	분명한	448	kaki	다리, 발
424	jelek	나쁜	449	kaku	경직된, 뻣뻣한
425	jembatan	다리, 교각	450	kalah	지다, 패배하다
426	jemput	마중하다	451	kalau	만일 ~이면(조건접속사) '= jika(문어체)
427	jendela	창문			
428	jenis	종류	452	kali	하천, 곱하다, 배(倍), 회
429	jepang	일본	453	kalimat	문장
430	jeruk	귤	454	kamar	방 ~ mandi : 화장실, 욕실
431	jiwa	정신, 영혼			
432	jual	팔다	455	kambing	염소
433	judul	제목, 표제	456	kami	우리(청자 제외) cf) kita(청자 포함)
434	juga	역시, 또한			
435	jujur	정직한, 솔직한	457	kampung	시골, 고향(=~halaman)

번호	단어	의미	번호	단어	의미
458	kamu	너(=kau, engkau, mu)	482	kecewa	실망하다
459	kanan	오른쪽	483	kecil	작은
460	kantor	사무실	484	kecuali	~을 제외하고
461	kantung	호주머니, 주머니	485	kejar	쫓다, 추적하다
462	kapal	배(船)	486	keluar	나가다
463	kapan	언제	487	keluarga	가족
464	karat	녹	488	kembali	돌려주다
465	karena	때문에(종속접속사)	489	kembar	쌍둥이
466	karet	고무	490	kemudian	이 후에, 뒤에
467	kartu	카드, ~ kredit : 신용카드	491	kena	맞다, 당하다
468	karyawan	종업원	492	kenal	알다, 구면식이다, ter~ : 유명한, 알려진
469	kasar	거친	493	kenangan	회상, 추억, 기념품
470	kasi	주다(=memberi)	494	kenapa	왜(=mengapa)
471	kasihan	안됐다, 유감이다	495	kencan	데이트, ber~ : 데이트하다
472	kata	말, 단어			
473	kaus	~ tangan : 장갑 ~ kaki : 양말	496	kencang	팽팽한
			497	kencing	소변을 보다, 오줌 누다
474	kawin	결혼하다	498	kendaraan	차량, 탈 것
475	kaya	부유한, 부자의	499	kenyang	배부른
476	kayu	나무(목재, 이미 베어 진 나무),	500	kentang	감자
			501	kentut	방귀
477	ke	~로	502	kepala	머리, 우두머리
478	kebijakan	지혜 = kebijaksanaan	503	kepiting	게
479	kebun	정원, 농장	504	keras	단단한, 열심히 하는
480	kecamatan	면	505	kereta	~ api : 기차
481	kecap asin	간장	506	kerja	일, ~ sama : 협조

번호	단어	의미	번호	단어	의미
507	kering	마른	531	kuku	손톱, 발톱
508	keringat	땀	532	kulit	피부, 가죽
509	kertas	종이	533	kumis	콧수염
			534	kumpul	모이다
510	ketemu	만나다(=bertemu, jumpa)	535	kunci	열쇠
			536	kuning	노란
511	khawatir	걱정하다(=cemas)	537	kunjung	방문하다, 들르다
512	kira	추측하다 kira-kira : 대략, 대충	538	kurang	부족한, 빼다
			539	kurs	환율
513	kiri	왼쪽	540	kursi	의자
514	kirim	보내다, 송부하다	541	kurus	야윈
515	kisah	이야기, 전설	542	kwitansi	영수증
516	kita	우리	543	laba	이익
517	kolam	연못	544	laci	서랍
518	konstruksi	건설	545	lada	후추
519	kontrak	계약	546	ladang	농토, 밭
520	koran	신문	547	lagi	다시, 또, 더, ~하는 중이다(구어체)
521	korupsi	부정, 부패			
522	kosong	빈, 텅 빈	548	lagu	노래
523	kota	도시	549	lahir	출산
524	kotak	상자	550	lain	다른
525	kotor	더러운	551	laki-laki	남자
526	krisis	위기	552	laksanakan	실현하다
527	kuasa	권력, 대리권	553	lakukan	시행하다
528	kuat	힘센	554	lalat	파리
529	kucing	고양이	555	lalu	지나가다, 통과하다, 그 다음에
530	kue	과자			

번호	단어	의미	번호	단어	의미
556	lama	오래된, se~ (ini) : ~ (그)동안	579	leher	목
557	lambat	늦은, ter~ : 이미 늦은, 지각한	580	lemah	(허)약한
558	lambung	위(胃)	581	lemari	옷장, 책장
559	lampir	첨부하다	582	lembar	~장, 페이지
560	lancar	원활한	583	lembur	잔업
561	langganan	고객(=pelanggan)	584	lempar	던지다
562	langit	하늘	585	lengan	팔
563	langkah	걸음, 보폭	586	lengkap	완벽한
564	langsing	날씬한	587	lens	렌즈
565	langsung	곧장, 직행하여	588	lepas	느슨한, 풀린
566	lanjut	계속하다	589	lewat	~을 지나, ~을 경유하여
567	lantai	바닥, 층	590	licin	미끄러운
568	lapangan	운동장, 들판, 현장	591	lidah	혀
569	lapar	배고프다	592	lihat	보다, cf. kelihatan 보이다
570	lari	달리다, 도망치다	593	lindung	보호하다
571	latih	훈련의, 연습하는	594	lingkung	주변, 영역
572	laut	바다	595	lipat	접다
573	lawan	적수, 상대방	596	listrik	전기, cf. tegangan 전압
574	layan	봉사, 시중	597	lobang	구멍 = lubang
575	lebar	넓은, 가로	598	lolos	빠져나가다, 통과하다
576	lebih	더 많은, 더 큰 : 비교급	599	lombok	고추
577	ledak, meledak	(폭탄 등이) 폭발하다 cf. meletus (화산 등) 폭발하다	600	loyalitas	충성
			601	luar	밖
			602	luas	넓은
578	legal	적법한	603	lucu	웃기는, 귀여운

번호	단어	의미	번호	단어	의미
604	ludah	침, 타액	623	makin	점점 더
605	luka	상처	624	makmur	번창하는
606	lumayan	적당한, 무난한	625	maksimal	최대한 cf se~ : 할 수 있는 최대한
607	lunas	지불된, 완불된			
608	lupa	잊다, 망각하다 cf. lupakan saja 신경 쓰지마!	626	maksud	의도, 목적
			627	malam	밤, ~ minggu : 주말
			628	malas	게으르다
609	lurus	똑바로, 일직선의	629	maling	도둑
610	lusa	모레	630	malu	부끄러운
611	lutut	무릎	631	mampir	잠시 들르다
612	maaf	용서, cf. minta(mohon) maaf 용서를 빌다	632	mampu	가능한 cf. ke~an : 능력, 가능성
			633	mana	어디, 어느 yang ~ : 어느 것
613	mabuk	술 취한, 멀미한			
614	macam	종류, macam-macam : 여러 종류의	634	manajemen	경영, 관리
			635	mandi	목욕하다
			636	mandiri	자립하다
615	macet	막힌, 원활하지 않은	637	manis	달다
616	madu	꿀	638	mantan	전(前)
617	mahal	(값) 비싼	639	manusia	인간, 인류
618	mahasiswa	대학생	640	marah	화난
619	main	놀다, 경기하다	641	masa	시기, 설마(감탄사)
620	maju	전진하다, 나아가다 반의어) mundur 물러나다, 후퇴하다	642	masak	요리하다
			643	masalah	문제
			644	masih	아직(긍정문)
621	maka	그래서 그러므로	645	masing- masing	각자, 각각
622	makan	먹다			

번호	단어	의미	번호	단어	의미
646	masuk	들어오다(가다)	669	menteri	장관
647	masyarakat	사회	670	merah	빨간, 붉은
648	mata	눈 mata-mata : 간첩, 스파이	671	merdeka	독립
			672	merek	상표
649	matahari	해, 태양 cf. bunga ~ : 해바라기	673	mereka	그들
			674	mes	기숙사 = asrama
650	mateng	익다	675	mesin	기계
651	mati	죽다	676	mesjid	회교사원
652	mau	원하다	677	meskipun	비록 ~일지라도 = walaupun
653	mawar	장미			
654	mayat	시체, 주검	678	meterai	인지
655	mebel	가구	679	mewah	사치스러운
656	meja	책상	680	milik	소유, 재산
657	memang	물론 = tentu saja	681	militer	군대의
658	menang	이기다, 승리하다	682	mimpi	꿈
659	menarik	흥미 있는	683	minggu	주(週)
660	mengajar	가르치다	684	minta	요구하다
661	mengapa	왜(=kenapa)	685	minum	마시다
662	mengenai	대하여	686	minyak	기름
663	mengerti	이해하다(me동사 + arti의 변형)	687	miring	기울어진
			688	mirip	닮은
664	menggambar	(그림,도면등을) 그리다	689	misal	보기, 예
665	menginap	숙박하다	690	miskin	가난한
666	meninggal (dunia)	세상을 떠나다(돌아가시다)	691	mobil	자동차
			692	modal	자본
667	mentah	덜 익은, 날 것의	693	modern	현대의
668	mentega	버터	694	mohon	신청하다

번호	단어	의미	번호	단어	의미
695	monyet	원숭이	719	negara, negeri	국가
696	muat	싣다, 적재하다	720	nenek	할머니
697	muda	어린, 젊은 pe~ : 청년, 젊은이	721	neraka	지옥
698	mudah	쉬운 mudah-mudahan = semoga	722	nikah	결혼하다
			723	nikmat	음미
699	muka	얼굴, 앞쪽	724	nilai	가치, 평가
700	mula	처음, 시작	725	nomor	번호
701	mulut	입	726	nonton	시청하다
702	muncul	나타나다	727	normal	정상, 표준
703	mundur	뒤로 가다 (후진하다)	728	novel	소설
			729	nuklir	핵
704	muntah	토하다	730	nyamuk	모기
705	murah	값 싼	731	nyanyi	노래하다
706	murni	순수한, 정제된	732	nyata	분명한
707	musim	계절	733	obat	약
708	musium	박물관	734	olah raga	운동
709	musuh	적, 경쟁자	735	oleh	~에 의해 cf. oleh-oleh 선물
710	napas	호흡			
711	naik	오르다	736	ombak	파도
712	nakal	개구쟁이의, 버릇없는	737	omong-omong	대화하다, 잡담하다
713	nama	이름, 성명			
714	nangis	울다	738	ongkos	요금
715	nanti	나중에	739	operasi	운영, 수술
716	nasehat	조언	740	operator	작업자, 교환원
717	nasi	밥	741	orang	사람 cf. manusia : 인간, 인류
718	nasib	운명			

번호	단어	의미	번호	단어	의미
742	order	주문	769	panci	냄비
743	organisasi	조직	770	pancing	낚시
744	otak	뇌	771	panggang	굽다
745	otot	근육	772	panggil	부르다
746	pabrik	공장	773	panjang	긴, 세로
747	pacar	애인(=kekasih)	774	pantai	해변, 해안
748	pada	~(때)에, ke~ : ~에게	775	pantat	엉덩이
749	padam	소멸된, 꺼진	776	papan	판자
750	padang	들판 cf. ~ golf : 골프장	777	parkir	주차장
751	padi	벼	778	partai	당, 정당
752	pagar	울타리, 담벼락	779	paruh, separuh	반, 절반
753	paha	허벅지			
754	paham	이해(=pengertian)	780	pas	정확한, 맞는
755	pahit	맛이 쓴	781	pasal	조항, 항목
756	pahlawan	영웅, 애국자	782	pasang	설치하다 ~an : 짝, 상대, 파트너
757	pajak	세금			
758	pak	~씨	783	pasar	시장
759	pakai	사용하다, 착용하다	784	pasien	환자
760	paksa	강제	785	pasir	모래
761	paku	못	786	pasta gigi	치약
762	palu	망치	787	pasti	반드시
763	paling	가장, 제일	788	patah	부러진, 깨진
764	palsu	가짜	789	payudara	유방
765	paman	삼촌, 아저씨	790	payung	우산
766	pameran	전시회, 박람회	791	pecah	깨지다
767	panah	화살	792	pedas	매운
768	panas	덥다, 뜨겁다	793	pegang	잡다, 쥐다

번호	단어	의미	번호	단어	의미
794	pegawai (negeri)	직원(공무원)	819	pernah	믿다, 신뢰하다
795	pel	걸레	820	persero	주, 주식
796	pelabuhan	부두	821	pertama	처음, 첫 번째의
797	pelan-pelan	천천히	822	perut	배, 복부
798	pelangi	무지개	823	pesan	주문
799	pelihara	돌보다, 간호하다	824	pesawat	~ terbang : 비행기, ~ telepon : 전화기
800	pendapat	의견, 견해	825	pesta	파티, 잔치, 축제
801	pendek	짧은	826	peta	지도
802	pengin	갈망하다	827	petir	번개
803	pengki	쓰레받기	828	pihak	측, 편
804	penjara	감옥, 교도소	829	pijit(pijat)	안마
805	pensil	연필	830	pikir	생각
806	pensiun	연금	831	pilih	선택하다, 고르다
807	penting	중요한	832	pilek	(코)감기
808	penuh	가득 찬	833	pilot	비행사, 조종사
809	peran	배우 ~ utama : 주인공	834	pinang	청혼하다
			835	pindah	이전하다
810	perang	전쟁	836	pinggang	허리
811	perbaikan	수리	837	pinggir	가장자리, 경계
812	percaya	믿다, 신뢰하다	838	pingsan	기절한
813	perempuan	여성, 여자	839	pinjam	빌리다
814	pergi	가다	840	pintar	영리한, 유능한
815	periksa	조사, 검사	841	pintu	문, 대문
816	perintah	지시, 명령	842	pipa	파이프
817	periode	기간	843	pipi	뺨
818	permisi	실례	844	piring	접시

번호	단어	의미	번호	단어	의미
845	pisah	헤어지다	872	pusing	어지럽다, 골치 아프다
846	pisang	바나나	873	putar	돌다, 회전하다
847	pisau	칼	874	putih	흰, 희다
848	piutang	채권, 외상매출금	875	putra	아들, 왕자
849	pohon	나무	876	putri	딸, 공주
850	pojok	구석	877	putus	끊어진 keputusan 결정
851	pokok	주요한			
852	polisi	경찰	878	racun	독, 독극물
853	politik	정치	879	radang	염증
854	pompa	펌프	880	ragu	의심하는, 망설이는
855	pondok	작은 집, 오두막집	881	rahasia	비밀
856	pos	우편, 초소	882	raja	왕, 통치자
857	potong	자르다	883	rajin	부지런하다
858	pribadi	개인	884	rakyat	국민
859	profesor	교수	885	ramai	붐비는, 혼잡한
860	proposal	제안	886	rambut	머리카락
861	puas	흡족한, 만족한	887	rangkap	중복, 겹, 겸
862	puasa	금식	888	rapat	회의, 미팅
863	pukul	때리다	889	rapi	정돈된
864	pulang	귀가하다, 퇴근하다	890	rasa	느낌
865	pulau	섬	891	rata-rata	평균
866	pun	~도, ~든	892	rawat	시중, 간호
867	puncak	정상, 꼭대기	893	rebus	삶다
868	punggung	등	894	rekan	동료
869	punya	가지다, ~것	895	rekap(itulasi)	총괄
870	pupuk	비료	896	rem	브레이크
871	pusat	중심, 배꼽	897	renang	수영

번호	단어	의미	번호	단어	의미
898	rencana	계획	923	sabun	비누
899	rendah	낮은	924	sadar	의식이 있는
900	rendam	담그다	925	sah	합법적인
901	repot	복잡해지다, 어렵게 되다	926	saham	지분
			927	saja	단지, 오직
902	resiko	위험	928	sakit	아프다
903	resmi	공적인	929	saksi	목격
904	ribut	소란	930	sakti	초능력
905	rindu	그리워하다	931	saku	호주머니
906	ringan	가벼운	932	salah	틀린, 잘못된
907	riwayat (kerja)	경력, 이력	933	salam	인사
			934	saldo	잔액
908	roda	바퀴	935	saling	서로
909	rok	치마	936	salju	눈
910	rokok	담배	937	salon	미용실
911	rombongan	단체	938	sama	같다
912	roti	빵	939	sambil	~하는 동안, 동시에
913	ruang	넓은 방	940	sambung	연결, 계속
914	rugi	손실	941	sambutan	인사말, 연설
915	rumah	집	942	sampah	쓰레기
916	rumput	풀, 잔디	943	sampai	~까지, 도달하다 ~kan : 전달하다
917	rumus	공식			
918	rupa	형태	944	samping	옆
919	rusak	고장 난	945	sana/sono	저기
920	saat	순간(=ketika)	946	sandal	샌들
921	sabar	참다	947	sandiwara	연극
922	sabuk	벨트	948	sangat	매우(= amat)

번호	단어	의미	번호	단어	의미
949	sanggup	~할 용의가 있다	973	segi	~각형 예) ~ tiga : 삼각형
950	sanksi	제재	974	sehat	건강한
951	santai	한가로운, 긴장이 풀린	975	sejuk	서늘한, 선선한
952	sapu	빗자루	976	sekali	한 번, 매우, 대단히
953	sarjana	학사	977	sekalian	동시에, 한꺼번에 = sekaligus
954	sarung tangan	장갑	978	sekarang	지금
955	satu demi satu	차례로, 하나씩	979	sekolah	학교
956	saudara	형제	980	sel	세포
957	sawah	논	981	selalu	항상
958	sawi	배추	982	selamat	안전한
959	saya	나, 저 '= aku	983	selamatan	고사
			984	selatan	남쪽
960	sayur	야채	985	selera	야망
961	sebab	원인	986	selesai	끝나다
962	sebelah	한 쪽	987	selimut	이불, 담요
963	sebentar	잠시, 잠깐	988	selisih	차이
964	seberang	건너편	989	seluruh	전부, 전체
965	sebut	언급하다	990	semangat	의욕
966	sedang	~하는 중이다	991	sembahyang	기도 cf. sholat
967	sedangkan	반면, 한편 (=padahal)			
968	sedia	준비가 된	992	sembuh	회복되다, 낫다
969	sedih	슬픈	993	sembunyi	숨다
970	sedikit	조금, 적다	994	sementara	당분간, 잠시동안
971	segala	모든, 전부	995	semester	학기
972	segera	곧, 조속히	996	sempat	기회

번호	단어	의미	번호	단어	의미
997	sempit	좁다	1023	setiap	매
998	semua	모두, 모든	1024	setor	맡기다, 예금하다
999	semut	개미	1025	setuju	동의하다
1000	senam	체조	1026	sewa	임차, menyewa : 임차하다 menyewakan : 임대하다
1001	senang	즐겁다			
1002	sendi	관절			
1003	sendiri	자신, 혼자	1027	sholat	(이슬람의) 예배
1004	sendok	숟가락	1028	sialan	제기랄!
1005	sengaja	일부러, 고의로	1029	siap	준비된
1006	senjata	무기	1030	siapa	누구
1007	sensitif	예민한	1031	siaran	방송
1008	senyum	미소	1032	sibuk	바쁘다
1009	sepak bola	축구	1033	sifat	특징 cf) kata sifat : 형용사
1010	sepatu	신발			
1011	sepeda	자전거	1034	sikap	태도
1012	seperti	~처럼	1035	sikat	솔, 브러시 cf) sikat gigi : 칫솔
1013	sepi	쓸쓸한, 한적한			
1014	seragam	유니폼, 작업복	1036	siksa	고문, 형벌
1015	serah	양도하다	1037	siku	팔꿈치
1016	serangga	곤충	1038	silakan (makan)	어서 (드세요)
1017	serial	일련의			
1018	sering	자주	1039	simpan	보관하다
1019	serta	및, 그리고	1040	simpang	교차로 ~ empat : 사거리
1020	sesal	유감	1041	simpati	동정, 연민
1021	sesuai (dengan ~)	(~와) 일치하다	1042	sinar	광선
			1043	singkat	간략한, 간결한
1022	setia	충실한	1044	sini	여기

번호	단어	의미	번호	단어	의미
1045	sipil	시민	1068	sulit	어려운(=susah)
1046	siram	물 뿌리다	1069	sumbangan	기부금, 부조금
1047	sisa	나머지, 여분	1070	sumber	원천, 자원
1048	sisi	옆, 측면	1071	sumpah	맹세
1049	sisir	빗	1072	sumpit	젓가락
1050	sita	차압, 압수	1073	sungai	강
1051	situ	거기	1074	sungguh	진실한, 정말
1052	soal	문제	1075	suntik	주사
1053	sok	~척 하다 ~ tahu : 아는 척 하다.	1076	supaya	~하도록, ~하기 위하여
			1077	surat	편지, 문서
1054	sombong	건방진	1078	suruh	명령하다, ~ 하게 하다
1055	sop	국	1079	susah	어려운
1056	sopan	공손한, 예의바른 ~ santun : 예의범절	1080	susu	우유
1057	sore	오후, 저녁	1081	susul(menyusul)	뒤따르다
1058	spanduk	플래카드, 슬로건	1082	susun	쌓다, 정리하다
1059	suami	남편	1083	tabrak	충돌(추돌)하다
1060	suap	뇌물	1084	tabungan	통장 ~ gas : 가스통
1061	suara	소리, 목소리, 투표, 표			
1062	suatu	어떤, 어느 ~ hari : 어느 날	1085	tadi	조금 전, 아까 ~ malam : 어젯밤 / ~ pagi : 오늘 아침(아까 아침)
1063	suci	순결			
1064	sudah	이미, 벌써 (= telah)	1086	tagih, menagih	지불을 요구하다
1065	suka	좋아하다			
1066	sukarela	자발적인	1087	tahan, menahan	참다, 견디다
1067	suku	종족(=~ bangsa), 같은 계통 cf) ~ cadangan : 재고			
			1088	tahi	똥

번호	단어	의미	번호	단어	의미
1089	tahu	알다	1110	tarip	정가표, 가격표
1090	tahun	해, 년	1111	taruh, menaruh	두다, 놓다
1091	tajam	예리한, 날카로운	1112	tas	가방
1092	takut	무서운	1113	tawar	흥정하다 cf) penawaran : 견적
1093	tali	줄	1114	tebal	두꺼운, 굵은
1094	taman	공원	1115	tegur	경고하다, 권고하다
1095	tambah	더, 더하기, 추가, 더하다	1116	tekan	압박, 압력, 누르다(구어체)
1096	tamu	손님	1117	telah	이미, 벌써, = sudah
1097	tanah	땅, 토지	1118	telanjang	발가벗은, 나체의
1098	tanam	심다, 재배하다	1119	telanjur	이미 늦은(저질러진)
1099	tanda	표시, ~ tangan : 서명	1120	telat	늦은
1100	tangan	손	1121	telinga	귀
1101	tangga	계단, 사다리	1122	teliti	세밀한, 신중한, 철저한
1102	tanggal	날짜	1123	telur(telor)	알, 계란
1103	tangkap	체포된, 붙잡힌 menangkap : 체포하다, 붙잡다	1124	teman	친구
1104	tani	농사, 농업	1125	tembaga	구리, 동
1105	tanpa	~ 없이 ch) ~ izin : 허락 없이	1126	tembak, menembak	쏘다, 발사하다
1106	tante	숙모, 고모	1127	tembok	담 벽
1107	tanya, menanya	질문하다	1128	tembus, menembus	꿰뚫다
1108	tapi, tetapi	그러나	1129	tempat	장소
1109	tarik	당기다 cf) menarik : 흥미로운	1130	tenaga	힘, 인력

번호	단어	의미	번호	단어	의미
1131	tenang	침착한, 흥분을 가라앉히는 cf) ~ saja : 침착(진정)합시다.	1154	tidak	안, 아니다(동사, 형용사의 부정어)
1132	tengah	중앙, 가운데	1155	tidur	자다, 눕다
1133	tenggelam	가라앉다, 침몰하다	1156	tikus	쥐
1134	tentang	~에 관하여 (=mengenai)	1157	timbang	균형, 평형, 비교 menimbang : 무게를 달다, 숙고하다
1135	tentara	군인	1158	timur	동쪽
1136	tentu	확실한	1159	tinggal	살다, 거주하다
1137	tepuk	박수	1160	tinggi	키가 큰, 높은
1138	tepung	밀가루	1161	tinju	주먹, 권투
1139	terang	밝은	1162	tipis	얇은, 가는
1140	terbang	날다	1163	tipu	사기
1141	terbit	떠오르다	1164	tiru	모방하다
1142	teriak	소리 지르다	1165	titip	맡기다, 부탁하다
1143	terima	받다	1166	titis	방울
1144	terjadi	발생하다	1167	tiup	불다
1145	terlalu	지나치게	1168	tolak, menolak	거절하다
1146	ternak	가축			
1147	tersinggung	감정이 상한	1169	tolong	도움, 구조
1148	tertawa	웃다(=ketawa)	1170	topi	모자
1149	terus	곧바로, 계속해서	1171	transfer	송금하다
1150	tetangga	이웃	1172	transportasi	운송, 수송
1151	tetap	고정된, 확정된	1173	tua	늙은, 낡은
1152	tewas	(주로 사고로)죽다	1174	tuang	붓다, 따르다
1153	tiba	도착하다 tiba tiba : 갑자기	1175	tubuh	몸, 신체
			1176	tugas	임무, 업무

번호	단어	의미	번호	단어	의미
1177	tuhan	신, 존칭	1197	ujung	모서리, 가장자리
1178	tujuan	방향, 진로 menuju (ke~) : (~로) 향하다	1198	ukur, mengukur	측정하다
1179	tukang	~꾼, ~공 ~ kayu : 목수	1199	ulang	반복하다
			1200	ular	뱀
1180	tukar	교환하다, 바꾸다	1201	umpama	예, 보기(=misal, andai)
1181	tulang	뼈	1202	umpan	미끼
1182	tulis, menulis	쓰다	1203	umum	일반의, 공공의
1183	tumbuh	자라다, 성장하다	1204	undang	초대하다 cf) undang undang : 법규, 법률
1184	tumpah	엎지르다, 털어 놓다	1205	undi	추첨
1185	tumpang, menumpang	동승하다	1206	ungu	자주색, 보라색
			1207	unjuk rasa	시위하다
1186	tunda, menunda	연기하다	1208	untuk	~하기 위한(전치사)
			1209	untung	운, 행운
1187	tunggu, menunggu	기다리다	1210	usaha	사업, 노력 ber~, ~kan : 노력하다
1188	tunjuk	가리키다	1211	usir, mengusir	쫓아내다
1189	turun	내려가다, 내리다			
1190	tusuk	찌르다, 쑤시다	1212	utama	최고, 최우선
1191	tutup	덮다, 닫다	1213	utara	북쪽
1192	uang	돈, 현금	1214	wajah	얼굴, 외모, 용모
1193	ubi	고구마	1215	wajib	의무
1194	udang	새우	1216	wakil	대리인, 대표
1195	udara	공기, 대기	1217	waktu	시간, ~할 때 (= bila)
1196	uji, menguji	시험 보다			

번호	단어	의미	번호	단어	의미
1218	walaupun	비록~일지라도 (=meskipun)	1224	waspada	경계하다
1219	wangi	향기	1225	yakin	확실한, 확신하는
1226	wanita	여자, 여성	1226	yakni	즉, 다시 말하자면
1227	warga	주민	1227	yang	~하는 (사람, 것)
1228	warna	색, 색깔	1228	yayasan	재단
1223	wartawan	기자	1229	zaman	시대

메단의 Toba 호수 – 북 수마트라 주

롬복 섬 – 발리섬 옆

 # 인도네시아 1개월 배낭여행 코스라면?

저라면 아래 일정으로 권하고 싶습니다.^^

1. 자와 섬, 발리, 롬복 -〉 술라웨시 섬

   자카르타 도착(2박, 휴식 및 시내 구경) -〉 보고르(2박 : 식물원, 뿐짝, 찌보다스 등) -〉 반둥(2박 온천, 화산 등) -〉 족자(1박, 보로부두르 사원, 쁘람바난 사원, 말리오보로 바틱 거리 등) -〉 브로모산(2박, 정상 분화구 등) -〉발리(3박) -〉 롬복(2박) -〉 술라웨시 우중빠땅

2. 술라웨시 섬 -〉 수마트라 섬

   우중빠땅(1박) -〉 또라자(2박) -〉 마나도(3박) -〉 수마트라 메단

3. 수마트라 섬 -〉 자카르타 구임

   수마트라 메단(2박, 또바 호수 등) -〉 빈딴(2박) -〉 바땀(2박) -〉 자카르타 귀임(3박, 자카르타 시내 구경 및 쇼핑, 휴식 등) -〉 한국 귀임 : 1 ~ 3항의 일정이라면 대략 1개월 배낭여행 코스?

4. 칼리만탄 섬(필자는 약 3년 간 체류 경험)

   숲과 농장들 외엔 권할만한 유명지가 거의 드물지만 먼 훗날 정치, 경제적으로 인도네시아를 이끌어 갈 가장 미래가 밝은 지역이라고 생각되어집니다. 굳이 권하라시면 칼리만탄 원주민들의 생활을 목격하는 차원과 한국인 최초의 손때가 묻은 지역인 남부 칼리만탄의 주도인 반자르마신과 동부 칼리만탄의 발릭빠빤, 사마린다, 서부 칼리만탄 주도 뽄띠아낙 정도입니다.

5 . 파푸아 섬(필자는 약 5년 간 체류 경험)

   파푸아는 인도네시아에서 유일한 말라리아 보유 지역이고 원주민들은 파푸아뉴기니 인들이라 생김새부터 많은 차이가 납니다. 그리고 배낭여행 하기엔 치안적인 면에서 다소 덜 안전합니다.

섬 간의 이동은 주로 국내선 비행기로 이동을 권합니다.
먼 거리를 선박으로 이동 시 배 멀미 등으로 고통을 겪을 수 있습니다.

이제부터 중급 단계의 학습이 시작됩니다.

우선, 인도네시아어의 중급 이상 능력을 가지려면 어떠한 사항들이 보충되어야 하는지부터 알아야겠습니다. 제 견해는 아래와 같습니다.

첫째, 앞 장에서 열거된 초급용 단어 약 1,200여 단어들 보다 사용 빈도는 다소 낮지만 중요한 단어들을 보다 많이 숙지하여야 합니다. 하지만 중급 입문자로서는 그러한 단어들 중 상용 단어들을 사전 속의 수많은 단어들 중 스스로 정확히 찾기가 어려우므로 중급 수준의 상용되는 단어들을 중점적으로 모았습니다.

둘째, 상당히 중요한 부분입니다. 접사의 유형과 기능들을 숙지하고 자주 접하여 각 어근에 왜 접사가 붙었는지 이해도를 높여야 합니다. 물론 초급 단계의 교재에도 어느 정도 설명이 되어 있지만 대부분의 학습자들이 여전히 접사의 기능을 잘 이해하지 못 하다 보니 실용적으로 응용하지를 못 하고 있고 보다 많은 이해가 필요할 것 같아 설명과 예문을 곁들였습니다. 하지만 접사의 활용에 익숙해지기 위해서는 많은 실전적인 경험들이 필요하므로 숙달되는 시간이 많이 소요될 것이라 봅니다. 또한 어근에 접사가 붙음으로써 의미와 용법이 달라지는 경우가 너무나 많은 점이 접사의 주요 기능이므로 기능적인 이해가 우선인 점에 유념하셔야 합니다.

구어체에서도 필히 접사를 사용하여야하는 경우가 상당히 많습니다만 특히 문어체에서 동사 등의 경우 단어 어근만을 사용하는 경우가 드물 정도로 단어, 의미의 변화나 문장 내에서의 역할 등에 접사가 미치는 영향이 매우 광범위하기 때문입니다. 즉, 접사를 극복하지 않고는 인도네시아어 실력 향상은 거의 없다고 해도 과언이 아니고 보다 고급스런 인도네시아어를 구사하기 위하여 필히 학습하셔야 할 부분입니다.

셋째, 초급 단계에서 자주 접했었더라도 정확한 의미 파악이나 용도 구분이 안 되어 지나쳐 왔거나 이해를 못 하고 지나쳐 온 관용어 / 숙어, 합성어, 반복어, 상용 속담 등에 대하여 보다 많이 숙지하여야 합니다.

넷째, 인도네시아어 학습의 궁극적인 목표는 구어체이든 문어체이든 문장 구성력입니다. 문장 구성력을 향상시키기 위한 필수적 학습 내용들이 위의 3 가지 사항입니다. 초급 단계에서 이미 학습하신 문장의 여러 유형(긍정문, 부정문, 의문문, 감탄문, 능동형, 수동형 등)외에 접속사가 포함되어 독해가 난해해 지는 중문, 복문, 복합문 등의 독해, 작문 능력을 향상시켜야 합니다. 그리고 업무에 자주 사용되어지는 문서 샘플을 곁들였으니 응용에 도움이 되시기를 바랍니다.

　단어를 공부할 때는 항상 예문을 같이 보는 것이 이해와 암기에 더욱 도움이 됩니다.
　그러한 이유를 알기 때문에 보다 많은 예문들을 넣고 싶었지만 단어들이 너무 많아 자칫 지루함으로 인한 학습 부진 염려로 인하여 한 단어 당 적절한 예문 하나씩만 간추렸습니다.

번호	단어	의미	예문
1	abdi	하인 (pelayan) 노예 (budak) 부하 (bawahan)	ABRI(Angkatan Bersenjata Republik Indonesia) adalah Abdi negara. 국군은 국가의 하인이다.
2	abstrak	추상적인, 무형의	Kata benda abstrak adalah semacam kata benda. 추상 명사는 명사의 한 종류이다.
3	acak	엉망이되다 (=berantakan)	Rambutnya acak-acakan karena kena angin. 바람을 맞아 머리칼이 엉망이 되었다.
4	acap(kali)	자주, 흔히 sering (kali)	Dia acap kali terlambat datang ke kantor. 그 직원은 자주 지각을 한다.
5	acuh	신경쓰지 않는다, 관심이 없다 (tidak peduli)	Sekarang atasan-atasan saya acuh dengan saya karena saya sering tidak masuk kerja. 요즘 내 직장 상사들은 내가 결근이 잦아서 그런지 내게 관심을 안 보인다.
6	adab	예의, 에티켓 (=etika, sopan santun)	Sebagai orang timur kita harus mempunyai sikap yang beradab. 동양인으로서 우리는 예의바른 자세를 지녀야 한다.

번호	단어	의미	예문
7	agak	좀, 약간, 다소 kira-kira, kurang lebih	Saya akan datang agak malam. 나는 약간 밤늦게 도착할 것이다.
8	ajal	임종 (waktu kematian)	Sampai ajal datang, si lelaki tua masih tetap tidak menikah. 임종 순간까지 그 남자는 아직 독신이었다.
9	akal	지혜, 기지 daya pikir, ingatan	Kita harus cari akal untuk bisa membuka pintu yang terkunci ini. 우리는 열쇠로 잠겨있는 이 문을 열 수 있는 방법을 찾아야 한다.
10	akrab	친밀한, 가까운 사이의	Mereka sekarang kelihatan akrab, kemana-mana selalu bersama. 그들은 지금 어딜 가든 항상 같이 갈 정도로 아주 친해 보인다.
11	akronim	약자 (ringkasan, singkatan)	BCA adalah akronim dari Bank Central Asia. BCA는 센트럴 아시아 은행의 약자이다.
12	akurat	정확한 (teliti ,tepat benar)	Para wartawan harus mencari informasi yang akurat supaya berita yang sampai ke masyarakat sesuai dengan yang sebenarnya. 모든 기자들은 최대한 정확한 사실이 사회에 전달되도록 정확한 정보를 찾아야만 한다.
13	alangkah	와!(감탄사)	Alangkah indahnya pemandangan dari atas bukit ini. 이 언덕 위에서 보는 경치는 참으로 아름답군!
14	alim	신앙심이 깊은	Berteman dengan orang yang alim, mudah-mudahan akan membawa pengaruh baik. 신앙심이 깊은 친구를 가져 좋은 영향이 미치기를 바란다.

번호	단어	의미	예문
15	amanat	지시, 명령 perintah, pesan,	Saya mendapat amanat dari ibu supaya jaga adik saya. 나는 어머니로부터 내 동생을 지키라는 지시를 받았다.
16	amis	비릿한, 비린내	Untuk menghilangkan bau amis sebaiknya ikan dicuci dengan jeruk nipis. 생선의 비릿한 냄새를 없애는 최선책은 레몬을 이용해 씻는 것이다.
17	amoral	비도덕적인	Korupsi adalah tindakan amoral. 부패는 비도덕적 행위이다.
18	ampas	찌꺼기	Ampas sayur-sayuran bisa dijadikan pupuk. 야채 찌꺼기는 거름으로 사용될 수 있다.
19	ampuh	효과 있는, 효험 있는	Obat sakit gigi ini ampuh sekali baru minum sekali langsung hilang sakitnya. 이 치통 약은 금방 먹었는데 치통이 바로 사라질 정도로 효험이 있다.
20	amuk	분노하다, 발광하다.	Warga desa itu mengamuk karena rumahnya digusur untuk dipakai lahan pertokoan. 그 마을의 주민들은 상가를 건축하기 위한 그들의 집을 철거하는 것에 분노하고 있다.
21	andil	지분 (saham)	Ia mempunyai andil yang besar di perusahaan itu. 그는 그 회사에 많은 지분을 가지고 있다.
22	aneka	다양한	Di pasar itu dijual aneka kue tradisional. 그 시장에는 다양한 전통 과자들을 판다.
23	angan-angan	이상, 열망	Saya punya angan-angan pergi ke Indonesia. 나는 인도네시아에 가고 싶은 열망을 가지고 있다.
24	anggap	~로 간주하다	Jangan anggap hal-hal kecil yang bisa menimbulkan masalah dalam perusahaan. 회사 내 큰 문제로 대두될 수 있는 것을 사소한 문제로 간주하지마라.

번호	단어	의미	예문
25	anggaran	예산	Akan diadakan rapat perusahaan secepatnya untuk menentukan anggaran tahunan. 연간 예산을 확정하기 위하여 회사는 최대한 빨리 회의를 개최할 것이다.
26	angguk	고개를 끄덕이다	Setelah diberi penjelasan, ia mengangguk kepala tanda kalau ia setuju. 설명을 들은 후 그는 고개를 끄덕였다.
27	angkuh	거만한, 건방진	Karna sifatnya yang angkuh , ia tidak disukai orang lain. 그는 거만한 태도로 인하여 다른 사람들이 좋아하지 않는다.
28	angsuran	할부금	kakak membeli barang dengan angsuran Rp 100.000 sebulan. 언니는 월 십만 루피아 할부로 물건을 샀다.
29	antonim	반의어	Antonim dari kata besar adalah kecil. '크다' 의 반의어는 '작다' 이다.
30	anugerah	(신의) 은총, 축복	Anak adalah anugrah dari Tuhan. 아이는 신이 주신 축복이다.
31	aparatur	기관, 공무원	Aparatur negara harusnya lebih mementingkan meningkatkan pelayanan kepada masyarakat. 정부기관은 사회에 대한 발전을 더 중요시해야 한다.
32	apung	(물에) 뜨다	Laut di indonesia sudah mulai kotor akibat banyaknya sampah-sampah yang mengapung. 인도네시아의 바다는 떠다니는 쓰레기들로 점점 더 더러워지기 시작했다.
33	arena	투기장, 투계 장	Arena untuk bertanding tinju itu penuh dengan penonton. 복싱 경기장은 관중들로 가득 찼다.

번호	단어	의미	예문
34	asas	원칙, 토대	Pancasila adalah asas negara republik Indonesia, lambangnya burung Garuda. 빤짜실라는 인도네시아 국가의 기본 토대이고 가루다라는 새를 상징으로 한다.
35	as(y)ik	열정적인	Saya belum merasakan bagaimana asyiknya bermain golf. 나는 골프에 얼마나 열정적인지를 아직 느끼지 못 하겠다.
36	aspirasi	포부, 야망	DPR harus mendengar aspirasi rakyat. 국회는 국민의 대의(열망)를 들어야 한다.
37	aula	강당, 대회의실	Acara perpisahan sekolah dilakukan diaula sekolah. 졸업식은 학교 강당에서 행해졌다.
38	aurat	(이슬람율법 상 보여서는안 되는)살갖	Cita-cita saya tahun depan adalah ingin memakai kerudung supaya menutup aurat. 내년 나의 목표는 살갖을 가리기 위한 베일을 사용하는 것이다.
39	awak	승무원	Di pesawat terbang yang jatuh terdapat 3 orang awak kapal yang belum di temukannya. 추락한 비행기의 승무원 3 명이 아직 발견되지 못했다.
40	ayun	흔들리다, 진동하다	Di taman itu disediakan ayunan untuk anak-anak. 그 공원에는 아이들을 위한 그네가 있다.
41	bab	항목	Buku ini terdiri dari 5 bab. 이 책은 5항으로 구성되어 있다.
42	badai	돌풍	Kampung nelayan itu hancur diserang badai. 그 어촌은 갑작스런 강풍으로 폐허가 되었다.

번호	단어	의미	예문
43	bagai, berbagai	다양한	Berbagai cara telah dicoba untuk meyakinkan dia. 그를 설득시키려고 다양한 방법을 시도해봤다.
44	bagan	도안, 청사진	Coba perhatikan bagan pohon yang ada di buku dan jelaskan apa saja fungsinya. 책에 있는 나무 조경에 신경 써서 그 기능들을 설명해 보라.
45	baka	영원한, 변치 않는	Ayahnya telah berpulang ke alam baka (telah meninggal). 아버지께서는 영원히 자연으로 돌아가셨다. (세상을 떠나셨다.)
46	bakal	후보자, 후보지	Hutan-hutan itu akan digunakan sebagai bakal persawahan. 그 숲은 경작 후보지로 이용될 예정이다.
47	bakhil	인색한	Orang yang bakhil tidak akan mempunyai teman banyak. 인색한 사람은 친구가 많지 않다.
48	bandit	악한, 도둑	Razia terhadap bandit-bandit di jakarta harus lebih di tingkatkan. 자카르타의 범죄들에 대한 대응력이 보다 더 강화되어야 한다.
49	bangga	자랑스러운, 자긍심의	Regu Indonesia boleh bangga karna telah berhasil merebut piala Thomas di malaysia. 인도네시아 팀이 말레이시아에서 열린 토마스 컵을 쟁취하여 자랑스럽다.
50	bangkang	반항하다, 거역하다	Anak itu selalu membangkang perkataan orang tuanya, sehingga orang tuanya selalu marah-marah. 그 아이는 늘 부모의 말을 거역하여 그 부모는 항상 아이에게 화를 낸다.

번호	단어	의미	예문
51	bangkit	일어나다	Ia bangkit dari tempat duduknya untuk mengerjakan soal-soal di papan tulis. 그는 칠판에 적혀 있는 문제들을 풀기 위하여 자리에서 일어났다.
52	bantah	다툼, 논쟁, 반대	Dia membantah keinginan orang tuanya. 그는 부모님의 희망에 반박하였다.
53	banting, mem~	내던지다	Karena dia sangat marah dan membanting bolpoinnya. 그는 몹시 화가나 들고 있던 볼펜을 내던졌다.
54	bareng	~와 함께 (bersama)	Acara nonton bareng piala dunia diadakan di parkir senayan. 월드컵 경기를 함께 시청하는 행사가 스나얀 주차장에서 있었다.
55	basi	썩은, 부패한, 시대에 뒤떨어진	Nasi itu sudah basi jangan dimakan. 그 밥은 변했으니 먹지마라.
56	basmi	전소시키다, 근절하다	Obat nyamuk merek Baygon paling ampuh membasmi serangga. 베이건 상표의 모기약은 벌레를 제거하는데 효과가 있다.
57	basuh	(물로) 씻다, 설거지하다	Dia membasuh mangkok dan piring. 그는 그릇과 접시를 설거지했다.
58	bata	벽돌	Toko-toko di sepanjang jalan pinggir dijual batu bata. 길가에 늘어서 있는 가게들은 벽돌을 파는 가게들이다.
59	beber	풀다, 펼치다, 폭로하다.	Semua rahasianya dibeberkan kepada orang lain. 모든 비밀들이 다른 사람들에게 폭로되었다.

번호	단어	의미	예문
60	becek	(땅이) 젖은	Jalanan ke rumahnya becek sekali. 그 집으로 가는 길은 매우 젖어 있었다.
61	bedak	분(bubuk halus)	Saya dibelikan oleh-oleh bedak dari Jepang. 나는 일본에서 선물용 분을 샀다.
62	bejat	비뚤어진, 부정한	Perbuatan bejat laki-laki itu selama ini suka memperkosa akhirnya ketahuan juga. 그 동안 강간을 일삼던 그 남자의 부정한 행위는 결국 들통이 났다.
63	bekal	비상식량	Mereka membawa bekal untuk dalam perjalanan pulang kampung. 그들은 귀성길에 비상식량을 가지고 갔다.
64	bela	(둘로) 쪼개다	Semangka itu dibelah dengan menggunakan golok. 그 수박은 칼을 사용함으로써 둘로 쪼개졌다.
65	belang	반점, 얼룩	Kulitnya belang akibat kena sinar matahari. 자외선에 타서 피부에 반점이 생겼다.
66	belot	배반자, 반역자	Kami tidak akan membelot walaupun kami disiksa sampai mati. 우리는 죽을 때까지 고문을 당할지언정 배반하지 않을 것이다.
67	benah	준비하다, 정리하다	Karena hari ini hari libur, saya akan berbenah. rumah. 오늘은 휴일이고 해서 나는 집 정돈을 할 예정이다.
68	benak	두뇌	Belum terbayang dalam benak saya bagaimana memecahkan persoalan ini. 이 문제를 어떻게 풀어가야 할지 머 리 속에서 아 직 떠오르지 않는다.

번호	단어	의미	예문
69	bengis	잔인한	Perbuatan bengis itu diketahui oleh warga setempat lalu telah dilaporkan ke polisi. 그 잔인한 사건은 같은 동네 주민에 의해 알려졌고 직후 경찰에 고발되었다.
70	bengkak	온 몸이 뻐근한	Kakinya bengkak tertimpa kursi. 의자에 부딪혀 다리가 뻐근하다.
71	bengong	멍한(무넘)	Penonton terbengong-bengong melihat kepandaian tukang sulap. 관객들은 마술사의 솜씨를 멍하니 보고 있었다.
72	bening	맑은, 투명한	Air kolamnya bening karena habis dibersihkan. 연못물이 청소를 해서 맑았다.
73	benjol	(머리의) 혹	Kepalanya benjol akibat dipukul oleh benda tumpul. 둔탁한 물체에 맞아 머리에 혹이 생겼다.
74	bentak	호통 치다	Dia sedang membentak anak buahnya. 그는 자신의 부하 직원에게 호통을 치고 있는 중이다.
75	bentang	풀다, 펼치다	Di atas bukit terbentang pemandangan alam yang indah. 언덕 위에서의 풍경은 아름답게 펼쳐져 있었다.
76	benteng	성채, 요새	Bentengnya di daerah Sulawesi kini dijadikan tempat wisata sejarah. 술라웨시 지역의 그 성채는 현재 역 사적 유적지가 되었다.
77	benua	영토, 대륙	Asia adalah benua terluas di dunia. 아시아는 세계에서 가장 넓은 대륙이다.

번호	단어	의미	예문
78	berantas	제거하다, 퇴치하다	Obat ini dibuat untuk memberantas penyakit demam berdarah. 이 약은 뎅기열병을 치료하도록 만들어졌다.
79	berisik	시끄러운, 떠들썩한	Jangan berisik Kalian semua. 모두 다 떠들지마. (조용히 해)
80	berkat	(주로 부모, 스승) 은혜, 축복	Semoga Tuhan memberikan berkatnya kepada kita semua. 신이시여! 우리들에게 축복을 내려 주소서.
81	besan	사돈(관계)	Calon besan dia datang malam ini untuk bertemu orangtuanya. 사돈 되실 분들이 오늘 밤 부모님들을 뵈러 오실 예정이다.
82	betah	순응하다, 참아내다	Mereka sudah betah tinggai di indonesia. 그들은 인도네시아 생활에 잘 적응하였다.
83	betapa	(감탄사)놀람, 감탄, 슬픔	Betapa sedihnya hatiku karena putus hubungan dengan pacar. 애인과 헤어진 내 슬픈 마음은 이루 헤아릴 수 없다.
84	betina	암컷	Ayah memberi aku kucing betina dari india. 아버지께서는 내게 인도 암 고양이를 주셨다.
85	beton	콘크리트	Mereka ada pekerjaan beton sore ini. 그들은 오늘 오후 콘크리트 작업이 있다.
86	biadab	불손한, 버릇없는	Anak itu biadab benar, dia tidak segan mengucapkan kata-kata kotor di hadapan umum. 그 아이는 버릇이 없어 공중 장소에서도 나쁜 말들을 주저 없이 내뱉는다.
87	biang	어미, 원품	Di pinggir-pinggir jalan banyak dijual biang minyak wangi. 길모퉁이에는 많은 향수용품들이 팔린다.

번호	단어	의미	예문
88	bidadari	천사	Wanita itu baik hati seperti bidadari. 그 여자는 천사처럼 마음씨가 좋다.
89	bidan	조산원, 산파	Adik saya mengambil sekolah jurusan bidan. 내 동생은 조산원 전문학교를 다녔다.
90	bidang	분야, 부문,평지	Dalam bidang pendidikan Indonesia masih belum maju. 인도네시아 교육 분야는 아직 덜 발전했다.
91	bimbang	주저하다, 망설이다	Ia selalu merasa bimbang memikirkan nasib anaknya di Jakarta. 그는 자카르타에 사는 자식의 운명을 항상 염려한다.
92	bimbing	(손을) 맞잡고 가다, 협력하다	Bimbingan orang tua sangat dibutuhkan pada zaman sekarang ini. 요즘 세대에 부모의 지도가 매우 절실하다.
93	bina	건설하다	Marilah bersama-sama membina negara tercinta ini. 자, 다함께 이 아름다운 나라를 건설합시다.
94	binal	야생의, 거친	Akibat kurang perhatian banyak anak muda sekarang menjadi binal. 많은 어린이들에 대한 현재의 관심 부족은 그들을 거칠어지게 한다.
95	biri-biri	양 (domba)	Di bogor ada peternakan kambing biri-biri. 보고르에는 양 농장이 있다.
96	birokrat	관료 birokratis (관료적인)	Birokrat kelihatan seperti pegawai negeri yang berlamban. 관료는 나태한 공무원처럼 보인다.
97	bisik	속삭이다	Mereka sedang berbisik-bisik, sepertinya membicarakan aku. 그들은 서로 속삭이고 있는데 나에 대한 얘기를 주고받는 것 같다.

번호	단어	의미	예문
98	bising	혼잡한, 소란스러운	Bunyi kapal terbang yang berangkat sangat bising. 비행기 이륙소리는 매우 요란하다.
99	bismilla	(회교신자) 기도 Doa umat Islam	Sebelum makan sebaiknya mengucapkan bismillah dulu. 식사 전에 우선 기도를 먼저 하고 식사를 하는 게 더 바람직하다.
100	bisu	벙어리	Kasihan sekali orang itu dari kecil sudah bisu. 그 사람은 어릴 적 벙어리가 되어 안 됐다.
101	bius	마취된	Obat bius selain penghilang rasa nyeri, bisa juga membuat orang tidak sadarkan diri. 마취제는 통증을 느끼지 못 하게할 뿐만 아니라 의식이 없어지게도 한다.
102	blangko	텅 빈, 백지의	Pada saat membuat rekening nanti akan di berikan blangko untuk diisi kemudian di tanda tangan. 구좌를 개설할 때 내용을 기재하고 서명을 할 양식을 줄 것이다.
103	blokir	봉쇄하다, 폐쇄하다.	Pihak bank memblokir pin saya, karena saya telah salah memasukkan nomor pin sebanyak tiga kali. 비밀 번호를 세 번 오류 기입하는 바람에 내 비밀 번호를 은행에서 폐쇄시켰다.
104	bobrok	황폐한, 부패한	Rumahnya sudah bobrok semenjak tidak di tempati lagi. 그 집은 오랫동안 비어 있어 황폐해졌다.
105	bocor	(물이)새는, 누설되는	Tolong dicek atap yang bocor itu dan minta segera diperbaiki. 지붕에 물새는 곳을 확인한 후 바로 고쳐 주시오.
106	bolak-balik	왕복, 말을 돌리다.	Dia sering membolak-balikkan katanya. 그는 자주 말을 바꾼다.

번호	단어	의미	예문
107	berbondong-bondong	떼 지어 가다	Orang berbondong-bondong pergi ke konser musik. 많은 사람들이 음악 콘서트로 간다.
108	borgol	수갑	Polisi memborgol pencuri itu. 경찰은 그 도둑에게 수갑을 채웠다.
109	brosur	팸플릿, 소책자	Tolong ambilkan brosurperumahan itu. 그 주택단지의 팸플릿을 가져와라
110	bruto	모두 합친	Jumlah gaji bruto berapa? 공제 전 급여 총액이 얼마니? cf) gaji bersih : 공제 후 급여
111	bual	헛소리	Saya tak mau dengar dia membual lagi, tidak ada gunanya. 나는 더 이상 너의 쓸데없는 헛소리 는 듣고 싶지 않다.
112	buas	사나운	Di kampung itu banyak binatang buasnya, sehingga warga sangat ketakutan kalau malam hari. 그 시골에는 사나운 짐승들이 많아 밤마다 주민들은 두려움에 떤다.
113	buat	만들다, 행하다, ~을 위하여	1. buatan ~제, 상표 2. pembuatan 생산, 제조 3. perbuatan 행위
114	bubar	흩어진, 끝난, 마친	Para demonstran bubar setelah petugas menembakkan gas air mata. 모든 시위 군중들은 진압경찰의 최루탄 발사후에야 해산되었다.
115	bubung	올라가다	Asap membubung sehingga langitmenghitam. 연기가 하늘 높이 시커멓게 올라갔다.
116	budak	노예	Jaman dahulu di amerika orangkulit hitam banyak dijadikan budak. 옛날 아메리카에 많은 흑인들이 노예가 되었다.

번호	단어	의미	예문
117	budiman	현명한, 분별있는	Oran yang budiman selalu bisa menghargai orang lain pada tempatnya. 현명한 사람은 어디서든 항상 타인을 존중한다.
118	bujuk	부추김, 아첨, 설득, 꼬드김	Ibu membujuk aku agar mau menerima hadiah dari orang itu. 엄마는 내가 그 사람으로 부터 선물을 받고 싶도록 부추겼다.
119	buletin	소식, 고시, 공보	Kita dapat mendengar berita2 terbaru di buletin siang yang ditayangkan setiap hari jam 12 siang. 우리는 매일 낮 12시에 전해지는 낮 뉴스에서 새로운 소식들을 들을 수 있다.
120	buluh	대나무 bambu	Di hutan itu ada ladang bambu. 그 숲엔 대밭이 있다.
121	buncit	부풀은, 팽창된	Diet saja tidak cukup untuk mengatasi perut buncit tapi harus olahraga juga. 복부비만을 극복하기엔 다이어트만으로는 충분치 않고 운동도 겸해야 한다.
122	bundar	원형의	Bumi berbentuk bundar, tapi kita merasakannya datar. 지구는 둥글지만 우리는 평평하게 느낀다.
123	bungkuk	(허리를)구부리다	Saya membungkuk karena sedang ambil pensil. 나는 연필을 줍기 위해 허리를 구부렸다.
124	bunting	새끼를 가진, 수태한	Ia pulang ke rumah dalam keadaan bunting. 그녀는 임신한 채로 귀향하였다.
125	buntung	잘린	Kerena tertabrak mobil, kaki kirinya buntung. 차에 치어 왼쪽 다리가 부러졌다.
126	buritan	함미	Lebaran tahun kemarin pada saat pulang kampung kami hanya mendapat tempat di buriitan kapal. 작년 르바란 귀향 시 우리는 배 후미에 겨우 자리를 잡았다.

번호	단어	의미	예문
127	butir	둥근 물체의 수량 단위	Dia sudah minum 2 butir tablet obat tadi pagi, tapi sakit flu masih belum hilang. 그는 오늘 아침에 2알의 감기약을 먹었지만 아직 감기가 떨어지지 않는다.
128	cakar	손톱, 발톱	Sungguh tega dia mencakar adiknya sendiri. 정말로 그는 과감히 동생을 손톱으로 긁었다.
129	cambang	구레나루	Cambangnya membuat hatiku jatuh cinta padanya. 그의 구레나룻이 내가 그를 사랑하게 했다.
130	canggih	현대적인, 기술이 높은	Pintu rumahnya canggih sekali bisa menutup dan membuka secara otomatis. 그 집 문은 자동으로 열리고 닫히는 현대적인 문이다.
131	cantum	적다(tulis)	Cantumkan nama anda di laporannya. 그 서류에 성명을 적어세요.
132	cedera	상처	David Becham tidak bisa ikut dalam piala dunia karena kakinya cedera. 데이비드 베컴은 다리 부상으로 월드컵에 출전하지 못했다.
133	cegah	제한하다, 억제하다	Untuk mencegah sakit gigi biasakan sikat gigi sebelum tidur. 치통을 예방하기 위하여 보통 잠들기 전 이를 닦는다.
134	cekam	음산한	Setelah pembunuhan itu terjadi, suasana semakin mencekam. 그 살인사건이 발생한 후 분위기가 점점 음산해졌다.
135	cela	결점, 오점	Pak Ahmad orang yang baik sekali tidak ada cela sedikitpun. 아흐맛씨는 거의 결점이 없는 아 주 좋은 사람이다.

번호	단어	의미	예문
136	cemar	더럽혀진	Dia mencemarkan nama baik saya. 그는 내 명예를 손상시켰다.
137	cemerlang	빛나는, 밝은	Setelah dicuci dengan sabun "sunlight" semua peralatan dapur menjadi cemerlang. 세제 선라잇으로 씻은 후에 부엌 용구들이 반짝반짝해졌다.
138	cenderung	마음이 기우는	Semakin jelas bahwa hatinya cenderung kepada gadis itu. 점점 더 마음이 그녀에게로 기울고 있다.
139	cengeng	울보, 곧잘 우는	Perempuan biasanya lebih cengeng dari pada pria dalam suatu kejadian. 어떠한 상황에 처했을 때 보통 여자들이 남자들보다 더 잘 운다.
140	cerdas	지적인	Sekolah bertujuan mendidik anak agar cerdas dan baik budi pekertinya. 학교의 목적은 아이들을 지적이고 바른 태도를 가지도록 가르치는 것이다.
141	cerewet	말이 많은, 흠 찾는	Perempuan itu cerewet sekali. 그 여자는 말이 대개 많다.
142	ceria	(눈이) 즐거운 유쾌한	Wajahnya ceria sekali saat menerima telpon dari kekasihnya. 애인으로부터 전화를 받았을 때 그의 얼굴이 환해졌다.
143	cermat	정확한, 주도면밀한	Surat-surat itu di periksanya dengan cermat. 그 서류들은 주도면밀하게 검사되어져야 한다.
144	ceroboh	서투른, 부정확한	Ia sangat ceroboh sehingga pekerjaannya tidak ada yang beres. 그는 업무처리가 매우 서툴다.

번호	단어	의미	예문
145	cerutu	궐연	Ayah saya gemar sekali merokok cerutu sejak dulu. 제 부친께서는 이전부터 궐연 태우는 것을 매우 좋아하셨다.
146	cibir	비웃다, 멸시하다	Ia tidak disukai temannya karna suka mengejek anak-anak lain. 그아이는 다른 아이들 흉보길 좋아하여 친구들이 좋아하지 않는다.
147	cipta	창조, 창작	Siapa yang pencipta lagu itu? 저 노래 작곡가가 누구지?
148	ciri	유형, 특징	Apa ciri-ciri dari anak yang hilang itu? 그 실종된 아이의 특징이 뭐죠?
149	citra	이미지	Citra polisi di masyarakat saat ini kurang baik. 요즘 경찰의 이미지는 좋지 않다.
150	ciut	(손가락으로) 후비다, 시기하다	Tidak usah colek-colek, kalau mau bicara langsung saja. 뒤에서 시기하지 말고 말하고 싶으면 직접 해라.
151	codet	흉터, bekas luka	Dia ada codet di mukanya. 그는 얼굴에 흉터가 있다.
151	condong	비스듬한	Tiang itu condong sedikit. 그 기둥은 조금 비스듬하다.
152	congkak	거만한, 건방진	Kelakuannya yang congkak sungguh tidak disukai banyak orang. 거만한 행동은 정말로 많은 사람들이 싫어한다.
153	copet	소매치기	Hati-hati, di terminal bus banyak sekali pencopet berkeliaran. 조심해라! 버스 터미널에는 배회하는 소매치기들이 매우 많다.

번호	단어	의미	예문
154	corak	디자인, 무늬	Saya sangat suka corak baju batik yang anda pakai 나는 당신이 입고 있는 바틱 옷의 무늬가 매우 마음에 든다.
155	coret	줄을 긋다	Tembok rumahku penuh dengan coret-coretan tangan si kecil. 우리 집 벽에는 아이들 낙서로 빈 곳이 없다.
156	corong	깔때기, 연통	Asap rokok keluar dari corong pipa itu. 담배 연기가 그 필터에서 나왔다.
157	cubit	꼬집다	Dia mencubit aku sakit sekali. 그녀가 나를 아프게 꼬집었다.
158	cukur	면도	Saya mencukur setiap pagi. 나는 매일 아침 면도를 한다.
159	culas	정직하지 못한	Perbuatan culasnya yang telah korupsi uang perusahaan telah diketahui oleh pimpinan. 회사 자금을 부정 횡령한 것이 상관에게 들켰다.
160	curam	경사가 심한	Di puncak masih banyak tebing-tebing yang curam. 산에는 아직 경사가 심한 비탈이 많이 있다.
161	curang	부정한	Orang yang munafik seringkali berhati curang. 위선자는 자주 부정한 마음을 가진다.
162	dagelan	익살꾼	Acara dagelan sebentar lagi akan tayang di televisi. 코미디 프로가 잠시 후 TV에서 방영된다.
163	dahaga	목마른	Ia minum air kelapa untuk melepaskan rasa dahaga. 그는 목마름을 해결하기 위하여 야자수를 마셨다.

번호	단어	의미	예문
164	dahsyat	대단한, 참혹한	Tabrakan kereta api di daerah itu sangat dahsyat. 그 지역의 열차 충돌은 매우 참혹하였다.
165	daki	산을 오르다	Untuk merayakan hari kemerdekaan , maka di sekolah ku akan diadakan acara mendaki gunung. 광복절을 기념하기 위하여 나의 학교에서 등산 행사가 열릴 예정이다.
166	dakwa	고소, 고발	Ia didakwa telah melakukan korupsi sebanyak 1 milyar. 그는 10억 루피아를 횡령하여 고소되었다.
167	damba	간절히 원하다	Seorang anak yang mendambakan kasih sayang orang tua. 한 어린이가 부모의 사랑을 간절히 원하고 있다.
168	dampak	결과	Kenaikan harga BBM akan berdampak pada harga bahan-bahan kebutuhan pokok naik juga. 유류가격 인상은 다른 생필품 가격의 인상을 초래할 것이다.
169	dandan	치장, 장식	Sebenarnya wanita itu tidak usah dandan pun pasti sudah cantik. 사실 그녀는 워낙 미모가 뛰어나 치장할 필요가 없다.
170	darurat	위험, 위급	Korban bencana alam ditempatkan sementara di bangunan darurat. 자연재해 피해자들은 잠시 동안 비상 건물에 대피시킨다.
171	dayang	궁녀	Disamping raja ada 3 dayang-dayang yang wajahnya mirip semua. 왕 곁에 3명의 전부 닮은 궁녀가 있었다.

번호	단어	의미	예문
172	dekil	매우 더러운	Baju itu sangat dekil, sudah lama tidak dicuci. 그 옷은 오랜 동안 씻지 않아 매우 더럽다.
173	demikian	그리하여, 그와 같이	Dalam keadaan demikian tidak ada seorang pun merasa dirinya aman. 그러한 상황 하에는 아무도 안전을 느끼지 못한다.
174	dempet	달라붙은, 밀착된	Rumah-rumah di kota umumnya dempet satu sama lain. 도시의 집들은 따닥따닥 붙어 있다.
175	dendang	노래하다	Hari ini sepertinya kamu senang sekali, dari tadi berdendang terus. 오늘 너 기분이 좋아 보인다, 아까 전부터 흥얼거리고!
176	dengki	질투, 시샘	Mengapa engkau dengki pada sahabatmu itu? 너는 왜 네 그 친구에게 시샘을 하니?
177	denyut	진동, 고동	Denyut jantungnya semakin menurun. 심장의 고동이 점점 떨어졌다.
178	deras	(매우) 빠른	Hujannya deras tadi malam. 어젯밤 비가 세차게 내렸다.
179	deret	줄, 열	Mobil-mobil mewah berderet di depan rumahnya menunjukkan dia orang kaya. 그의 집 앞에 도열해 있는 고급차들은 그가 부자임을 보여준다.
180	derma	기금, 기부금 dermawan : 기부자	Orang kaya sebaiknya sering memberi derma kepada fakir miskin. 부자는 가난한 사람들에게 최대한 기부금을 베풀도록 하여야 한다.

번호	단어	의미	예문
181	dialek	지방 언어	Saya bisa tahu daerah asal orang itu dari dialek yang ia pakai. 나는 그가 사용하는 지방 언어를 통하여 그의 출신지역을 알 수 있다.
182	dirgahayu	만세	Dalam rangka merayakan dirgahayu republik Indonesia yang ke 67 tahun, maka akan di adakan lomba mendaki gunung. 인도네시아 67주년 관련해서 등산 경기가 열릴 예정이다.
183	disiplin	원칙, 원리	Disiplin harus di terapkan dalam segala bidang. 원칙은 모든 분야에 걸쳐 적용되어져야 한다.
184	domisili	법적 거주지 (소재지)	Gratis tiket masuk ancol bagi yang berdomisli di daerah Jakarta. 자카르타 거주민들에 한하여 안쫄유원지 입장료는 무료이다.
185	dongeng	이야기, 전설 (cerita)	Anak-anak senang mendengarkan dongeng tentang pinokio. 아이들은 피노키오 이야기 듣기를 좋아한다.
186	donor	기부, 헌혈	Gerakan donor darah akan diresmikan oleh presiden. 헌혈 제도는 대통령령으로 공식화될 예정이다.
187	dungu	어리석은, 우둔한	Ia tidak mengerti apa-apa seperti orang dungu. 그는 바보처럼 아무 것도 이해하지 못했다.
188	durhaka	반항하는	Anak yang sering durhaka pada orang tua akan mendapat hukuman dari tuhan. 부모에게 자주 반항하는 아이는 신의 벌을 받을 것이다.
189	dusta	거짓말, 기만	Suaminya sering berdusta pada istrinya. 그 남편은 자기 아내에게 자주 거짓말을 한다.

번호	단어	의미	예문
190	dusun	마을, 촌락	Warga di dusun itu hampir semuanya bekerja sebagai petani. 그 마을의 주민 대부분은 농부로서 일한다.
191	edar(an)	원(회람)	Uang kertas baru mulai beredar pada awal bulan depan. 새 지폐는 익월 초에 유통되기 시작한다.
192	eja	철자	Bagaimana dieja kata ini? 이 단어 철자가 어떻게 되니?
193	efek	효과, 영향	Kenaikan harga bensin mempunyai efek terhadap harga barang kebutuhan sehari-hari. 휘발유 가격 인상은 생필품 가격 인상에 나쁜 영향을 미친다.
194	ekspansi	확장	Perusahaan itu sedang melakukan ekspansi besar-besaran. 그 회사는 확장 공사 중이다.
195	eksploitasi	개발	Eksploitasi terhadap anak-anak merupakan tindakan yang tidak baik. 아이들에 반하는 개발은 좋지 않은 조치로 비쳐진다.
196	ekstern	외부의	Ada audit eksternal siang ini. 오늘 낮에 외부 감사가 있을 예정이다
197	elak	피하다, 모면하다	Tidak mungkin ia mengelak dari tuduhan hakim itu. 그는 판사가 내리는 범죄의 대가를 피할 길이 없다.
198	elok	아름다운, 예쁜	Sungguh elok pemandangan pantai di kota ini. 이 도시의 해변 경치는 정말 아름답다.
199	elus	쓰다듬어주다	Anak kecil itu mengelus kucingnya dengan penuh rasa sayang. 그 작은 아이는 아주 사랑스럽게 그 고양이를 쓰다듬고 있다.

번호	단어	의미	예문
200	ember	물통	Ibu ke pasar membeli ember. 엄마는 시장에 물통을 사러 가셨다
201	embun	이슬	Dingin pagi ini masih banyak embun-embun yang membasahi tanah. 오늘 아침은 아직 땅에 젖은 이슬이 많아 춥다.
202	emosi	감정	Jangan buru-buru memberikan surat pengunduran diri oleh sebab emosi. 감정에 의한 사직서라면 급하게 제출마라.
203	encer	묽은, 농도가 얕은	Tadi pagi minum kopi encer. 아까 아침의 커피는 묽었다.
204	enggan	싫어하는, 내키지 않은	Anak itu enggan pergi ke sekolah. 그 아이는 학교 가기를 싫어한다.
205	erat	가까운, 친밀한	Telah diadakan perjanjian yang erat antara kedua negara itu. 그 두 나라 사이의 긴밀한 협약이 실행되었다.
206	etalase	진열장	Jam merah yang ada di etalase itu harganya mahal sekali. 그 진열장 안의 빨간 시계는 매우 비싸다.
207	evakuasi	철수	Petugas harus segera mengevakuasi korban banjir agar tidak menimbulkan korban jiwa lagi. 구조대는 홍수 지대의 인명 피해가 더 이상 없도록 즉각 인명 구조 작업을 하여야 한다.
208	evaluasi	평가(penilaian)	Hasil evaluasi itu hingga saat ini belum diperoleh. 그 평가 실적은 아직 얻어지지 못 하고 있다.
209	fakta	사실	Orang itu belum bisa menerima bahwa faktanya suaminya adalah seorang koruptor. 그 여자는 아직 남편이 부패 행위자라는 소식을 접하지 못했다.

번호	단어	의미	예문
210	fakultas	대학 전공	Saya kulaih di fakultas kedokteran Univeritas. Indonesia. 나는 인도네시아 대학교 의과대 학생이다.
211	fana	일시적인, 덧없는	Segala yang ada di dunia ini bersifat fana. 이 세상에 있는 모든 것은 영원한 것이 없다.
212	fasih	말을 유창하게 하다	Dia fasih bahasa Indonesia. 그는 인도네시아어가 유창하다.
213	fitnah	중상모략	Fitnah adalah perbuatan yang tidak terpuji. 중상모략은 칭찬 받지 못할 행위이다.
214	fondasi	기초, 토대	Pembanguan mall itu baru sampai tahap pembuatan fondasi. 그 몰 건물 공사는 막 토대 공사 단계이다.
215	formulir	양식	Formulir yang telah diisi harus diserahkan kepada bagian pendaftaran. 다 채워진 양식은 등록부에 제출하여야 한다.
217	gaduh	소음, 소란	Orang yang membuat gaduh telah ditahan polisi. 소란을 피운 사람은 경찰에 의해 감금되었다.
218	gagasan	아이디어, 생각, 이상	Ia mempunyai gagasan untuk mendirikan sebuah sekolah musik. 그는 한 음악학교를 설립할 이상을 갖고 있다.
219	gaib	불가사의한, 신비로운	Banyak peristiwa gaib yang belum di selidiki. 아직 조사가 종결 되지 않은 의문의 사건들이 많다.
220	gairah	욕망	Gairah hatinya untuk menjadi dokter tidak bisa ditahan-tahan lagi. 의사가 되기 위한 그의 욕망은 더이상 막을 수 없다.
221	ganas	사나운	Buaya itu ganas sekali kalau sedang kelaparan. 그 악어는 배가 고플 때 매우 사납다.

번호	단어	의미	예문
222	gawang	골대	Penjaga gawang dari tim Spanyol adalah Iker Casilas. 스페인 골키퍼는 이케르 카시아스이다.
223	gawat	위험한	Pasien itu sangat gawat keadaannya. 그 환자는 매우 위독한 상태이다.
224	gayung	바가지	Gayung sering digunakan untuk mengambil air di kamar mandi. 바가지는 화장실에서 물을 퍼기 위해 자주 사용되어 진다.
225	gejala	징조, 징후,증상	Suhu badan menjadi panas adalah gejala dari penyakit tyfus. 체온이 뜨거운 것은 티푸스 병으로부터 오는 증상이다.
226	gelar	학위, 명칭	Setelah selesai kuliah dari jurusan kedokteran, ia akan diberi gelar dokter. 의학 전공 과정을 마친 후 그는 의사 학위를 받을 것이다.
227	geleng	(머리를) 좌우로 흔들다	Ia menggelengkan kepala tanda tidak setuju. 그는 동의하지 않는다는 표시로 고개를 가로저었다.
228	gelincir	미끄러지다 meleset	Ia tergelincir jatuh ketika masuk kamar mandi. 그는 화장실에 들어서자마자 미끄러져 넘어졌다.
229	gelisah	잠을 설친, 걱정스런	Semua penduduk gelisah mendengar berita bahwa rumah mereka akan digusur. 전 주민들은 그들의 집이 이전될 것이란 소식을 듣고 잠을 설쳤다.
230	gembur	(땅이) 푸석푸석한	Badannya gembur karena sakit beri-beri. 각기병으로 온 몸이 푸석푸석하다.

번호	단어	의미	예문
231	gemuruh	굉음	Gemuruh ombak di pantai mengingatkan aku pada dia. 해변의 파도 소리가 내가 그를 생각하게 한다.
232	gentar	겁먹은	Ia tidak gentar melawan musuh. 그는 적을 맞아 겁먹지 않았다.
233	genteng	(지붕의) 기와	Rumah menjadi bocor kalau hujan, karena ada beberapa genteng yang pecah. 집에 빛물이 새면 부서진 기와가 지붕에 몇 개 있기 때문이다.
234	geram	노여운 화난	Saya sudah geram melihat kelakuannya. 나는 그 행동을 보고 화가 났다.
235	gerang(an)	도데체, 대관절	Siapakah gerangan dia? 대체 그가 누구냐?
236	gersang	(땅이) 단단한, 황무지의	Daerah itu masih gersang jadi belum ada yang mau tinggai di sana. 그 지역은 아직 황무지라 아직 거주하고 싶어 하는 사람이 없다.
237	giat	열정적인	Mereka sangat giat bekerja. 그들은 매우 열정적으로 일한다.
238	gigih	굳센	Ia dikenal sebagai pejuang yang sangat gigih melawan penjajahan. 그는 통치자에 대항한 매우 강한 투쟁자로 날려져 있다.
239	goblok	매우 어리석은	Dasar goblok! 5+5 saja kamu tidak tahu. 너는 5 더하기 5도 모르는 바보군!
240	golok	짧은) 칼 pedang yang pendek	Ia meminjam golok dari tetangga untuk membuat kelapa. 그는 야자를 따기 위해 이웃에 칼을 빌렸다.

번호	단어	의미	예문
241	goncang	흔들리다	Hatinya sedang tergoncang sejak ditinggal mati suaminya. 그녀는 남편이 사망한 이후로 마음이 흔들리고 있다.
242	gondrong	장발의	Ketika ditemukan anak itu kukunya panjang dan rambutnya gondrong sampai ke bahu. 그 아이가 발견되었을 때 손톱은 길고 머리칼은 악취가 나는 장발이었다.
243	gosong	불타 그은	Karena asyik menonton TV telur yang dimasak sampai gosong karna tidak di angkat. TV 시청에 몰두하느라 요리 중이던 계란을 들지 않아 불에 타 버렸다.
244	goyah	여린, 흔들리는	Mereka yang goyah keyakinannya akan mudah jatuh. 신념이 흔들리는 그들은 쉽게 무너질 것이다.
245	gratis	공짜의	Gratis biaya sebulan pertama untuk langganan internet dari telkom. 텔콤은 인터넷 고객 첫 한 달의 사용료를 무료로 한다.
246	gugat	고소하다	Saya mau menggugat cerai suami saya bulan ini. 나는 이번 달에 남편과의 이혼 소송을 낼 것이다.
247	gulung	(둘둘) 말다	Saya minta tissu gulung untuk di toilet. 나는 화장실에 쓸 두루마리 티슈를 원한다.
248	gurih	고소하다(맛)	Ikan goreng itu rasanya gurih sekali. 그 튀긴 생선은 맛이 매우 고소하다.
249	gurun	사막, 황무지	Video musik itu dibuat di gurun di daerah sumatra. 그 뮤직비디오는 수마트라에 있는 황무지에서 만들어졌다.

번호	단어	의미	예문
250	gusur	이전시키다	Pemerintah daerah terpaksa menggusur bangunan yang tidak ada izin. 지방 정부는 무허가 건물을 강제로 이전시켰다.
251	halal	허가 받은, 허용되는	Makanan ini halal tidak ada minyak babinya. 이 음식은 돼지기름이 없어 먹어도 된다.
252	halangan	장애, 방해물	Karena presiden berhalangan hadir maka acara ditunda. 대통령께서 참석 못할 일이 생겨 행사는 연기되었다.
253	halau	쫓아내다 (mengusir)	Para demonstran itu tidak masuk ke dalam karena dihalau oleh petugas polisi. 모든 데모 참가자들은 저지 경찰들에 의해 안으로 진입할 수 없다.
254	hambar	밋밋한	Sup ini rasanya hambar 이 국은 맛이 밋밋하다.
255	hampa	빈, 없는	Botol yang hampa dibuang saja. 빈 병은 버려라.
256	hampar	펼치다 membentang	Sawah dan ladang bagaikan permadani yang menghampar. 논과 밭이 마치 펼쳐진 양탄자 같다.
257	hebat	대단한	Semalam terjadi gempa bumi yang hebat. 어젯밤 지진은 대단하였다.
258	hemat	절약하는	Kita harus hemat listrik, karna bulan kemarin pemakaian listrik sangat besar. 난달에 전기사용료가 너무 많이 나와 우리는 전기를 아껴 써야 한다.
259	hembus	불다(bertiup)	Angin pagi muali berhembus. 아침부터 바람이 불기 시작했다.

번호	단어	의미	예문
260	hempas	내려 던지다	Ombak menghempas ke pantai. 파도가 해변으로 강하게 밀어닥쳤다.
261	hidang	제공하다, 내놓다	Makanan ini harus dihidangkan dalam keadaan masih panas. 이 음식은 여전히 따뜻한 상태로 내 놓아져야 한다.
262	hulubalang	마을 경찰	Hulubalang sedang berpatroli desa untuk menjaga keamanan. 을 경찰은 치안을 유지하기 위하여 순찰 중이다.
263	ibarat	상징, 비유	Tiap hari adik kakak ini bertengkar terus ibarat anjing dan kucing. 이 형제는 매일 개와 고양이처럼 싸운다.
264	ikal	곱슬머리	Rambutnya ikal dan hitam. 그녀의 머리칼은 검은 곱슬머리이다.
265	ikhlas	기꺼이 ~하는	Mereka benar-benar ikhlas memberi pertolongan kepada keluarga kami. 그들은 우리 가족에게 진심으로 기꺼이 도움을 주었다.
266	iklim	기후(cuaca)	Iklim sangat mempengaruhi kesuburan tanah di suatu daerah. 기후는 어느 지역에서든 땅의 비옥함에 많은 영향을 준다.
267	ilmiah	과학적인	Majalah ilmiah banyak dijual di toko buku. 과학 잡지는 서점에서 많이 팔린다.
268	ilusi	환상, 공상	Sepertinya aku melihat dia di sini pagi ini atau apakah ini hanya ilusi saja karena sebetulnya dia sudah meninggal. 만약 내가 오늘 아침 여기서 그를 보았다면 그 것은 이미 죽은 그의 환상일 뿐이다.

번호	단어	의미	예문
269	imbalan	사례	Imbalan yang diterima tidaklah sedikit karena dia telah bekerja keras selama ini. 그는 그 동안 열심히 일했기 때문에 적지 않은 사례금을 받았다.
270	induk	어미 ~kalimat : 主文	Induk ayam itu sedang mencari anaknya. 그 어미 닭은 새끼 닭을 찾는 중이다.
271	ingkar	(약속을) 어기다	Ia berusaha membela diri dengan cara mengingkari tuduhan yang diberikan kepadanya. 그는 자신에 대한 고소를 거짓으로 스스로를 보호하려고 했다.
272	insyap	지각, 관념, 깨달음	Syukurlah kini mereka telah insyaf dari perbuatan-perbuatan jahat. 지금 그들이 잘못한 점들을 깨달은 건 정말 다행이다.
273	injak	밟다	Dia menginjakkan kaki saya. 그녀는 내 발을 밟았다.
274	intai	정찰하다, 염탐하다	Sudah sejak lama polisi mengintai dirinya. 오래 전부터 경찰이 그를 주시해 왔다.
275	intan	보석	Kalungnya terbuat dari batu intan. 그 목걸이는 보석으로 만들어졌다.
276	inti	핵심, 골자	Di jalan raya inti sedang terjadi kemacetan. 핵심 주요 도로에는 교통이 막혀있는 중이다.
277	ipar	처남, 매형	Orang itu ipar saya, yakni dia adik laki-laki istri saya. 저 사람은 내 처남이야, 말하자면 내 아내의 남동생이야.
278	irama	리듬	Irama lagu rock lebih keras dari lagu pop. 록 음악의 리듬은 팝 음악 보다 강하다.

번호	단어	의미	예문
279	istilah	전문 용어	Orang yang keras kepala disebut dengan istilah "kepala batu". 고집 센 사람을 전문 용어로 "돌 머리"라고 한다.
280	jalang	음탕한(lacur)	Wanita jalang itu sekarang telah sadar dan ingin memulai kehidupan yang baru bersama calon suaminya. 그 매춘부는 이제야 깨닫고 약혼자와 새로운 삶을 시작하고 싶어 한다.
281	jamah	손을 댐, 건드림	Ia menjamah tubuh orang itu. 그는 그 사람의 몸을 건드렸다.
282	jangkit	전염성의, 감염성의	Penyakit itu cepat berjangkit ke desa yang lain. 그 병은 빠르게 다른 마을로 전염되었다.
283	jantan	수컷	Harimau jantan itu didatangkan dari Afrika. 그 수컷 호랑이는 아프리카에서 왔다.
284	jaring	그물	Saya akan memasang jaring untuk menangkap ikan. 난 물고기를 잡기 위해 그물을 설치할 것이다
285	jarum	바늘	Tolong belikan saya jarum di toko sebelah. 건너편 가게에서 바늘 좀 사다줘요.
286	jasa	공로, 봉사, 용역	Pemimpin itu telah banyak jasanya bagi negara. 그 지도자는 국가에 많은 공헌을 하였다.
287	jasad	몸, 신체	Walaupun jasadnya tidak ditemukan pada kecelakaan pesawat terbang itu, tapi saya yakin kalau dia masih hidup. 비록 그 사고 비행기에서 육신은 발견되지 않았지만 나는 그가 반드시 살아 있을 거라고 확신한다.
288	jebak	덫, 올가미	Tikus itu kena jebakan. 그 쥐는 덫에 걸렸다.

번호	단어	의미	예문
289	jelang	~ 때에, ~ 즈음에	Jelang hari pertama Ramadan, Jakarta benar-benar dikepung macet. Lebih dari biasanya, penduduk ibukota memilih pulang lebih cepat untuk bersolat tarawih. 금식 기간 첫날에 자카르타는 정말로 막힌다. 보통 때보다 시민들은 저녁 기도 시간에 맞추려고 더 일찍 퇴근한다.
290	jengkel	짜증을 내다	Saya merasa kesal karena dia tidak mau mendengar nasihat saya. 그가 나의 조언을 듣지 않아 기분이 언짢다.
291	jenjang	층, 단계	Jenjang karir di perusahaan ini sangat menjanjikan. 이 회사는 경력 단계들을 매우 주요시한다.
292	jepit	압착되다	Rambutnya dijepit dengan jepitan rambut. 그녀의 머리칼은 핀셋으로 집혀 있다.
293	jera	개과천선하다, 교화하다	Walaupun sudah dua kali di penjara tapi tidak juga jera. 두 번이나 감옥에 들어갔지만 개과천선하지 않았다.
294	jerawat	여드름	Wajahnya mulus sekali tidak ada jerawat satupun. 그의 얼굴은 여드름 하나 없이 매우 깨끗하다.
295	jernih	맑은, 투명한	Air sungai itu jernih sekali. 그 강물은 매우 맑다.
296	jilat	아부, 아첨	Anjing itu menjilat kaki anak tersebut. 그 개는 그 아이의 다리를 핥았다.
297	jinjing	손으로 나르다	Pulang dari pasar ibu menjinjing keranjang mangga. 엄마는 망가 바구니를 손에 들고 시장에서 돌아오셨다.

번호	단어	의미	예문
298	jinak	유순한, 온순한, 길들여진	Kerbau dan sapi adalah binatang jinak. 물소와 소는 온순한 동물이다.
299	jitu	틀림없는, 옳은	Tebakannya sangat jitu. 그 짐작이 매우 옳았다.
300	jodoh	짝, 상대 (pasangan)	Saya yakin kalau dia adalah jodoh saya. 나는 그가 내 짝이라고 확신한다.
301	juang	투쟁	Seluruh rakyat Indonesia berjuang untuk merebut kemerdekaan. 모든 인도네시아 국민은 독립을 위해 투쟁하였다.
302	justru	정확히, 마침 ~때	Justru dia tidak ada hubungan dengan kasus itu. 정확히 그는 그 사건과 관련이 없다.
303	juru	전문가, 숙련가	Juru bicara presiden hari ini akan konferensi pers. 대통령께서 오늘 기자 회견을 가질 것이라고 대변인이 말했다.
304	kabut	안개	Kabut di sekitar puncak bogor sangat tebal, sehingga mempengaruhi jarak pandangan kendaraan yang lewat di sana. 보고르 뿐짝 주변에 안개가 너무 짙어 지나가는 차량들의 간격에 영향을 미쳤다.
305	kaidah	규범, 제도(aturan)	Menurut kaidah hukum di Indonesia bahwa judi itu dilarang 인도네시아 법규상 도박은 위법이다.
306	kalangan	단체, 층	Di kalangan para pemain film, artis julia peres terkenal suka datang terlambat. 모든 영화배우 층에서 배우 줄리아 페레스는 약속 시간 안 지키기로 유명하다.

번호	단어	의미	예문
307	kalung	목걸이	Kalung ini diberikan pacar saya setahun yang lalu. 이 목걸이는 1년 전에 애인이 준 것이다.
308	kalut	혼돈스런, 혼미한	Karena terlalu tinggi panas badannya ia kalut samapai tidak melihat ada mobil yang lewat di depannya. 몸에 열이 너무 높아 그는 앞으로 지니 가는 차들을 보지 못할 정도로 혼미하였다.
309	kapas	솜, 면	Sebelum diberi obat, lap (mop) luka dengan kapas lebih dulu. 약을 바르기 전에 우선 소독을 해라.
310	karat	녹	Besi yang sudah berkarat itu dipindahkan ke tempat lain 그 녹슨 쇠는 다른 곳으로 옮겨 놓아라.
311	karung	포대, 자루	Untuk keperluan makanan bulan ini, dia membeli 3 karung beras. 이 달 식량을 위하여 쌀 3 포대를 샀다.
312	karya	일, 행위의 결과	Buku cerita itu merupakan karya seorang penulis terkenal. 그 소설은 한 유명작가의 이야기 형식이다.
313	katrol	도르래	Mobil yang jatuh ke jurang akan diangkat dengan katrol. 골짜기로 추락한 차량은 도르래로 들어 올려 질 것이다.
314	kawat	철사	Saya perlu kawat nyamuk untuk dipasang di jendela agar nyamuk tidak mudah masuk. 나는 모기가 잘 못 들어오게 창문에 설치할 철사 방충망이 필요하다.

번호	단어	의미	예문
315	kebal	면역이 된	Anak anak harus disuntikkan untuk berkebalan pada setiap tepat waktunya. 아이들은 매 정기적으로 면역성을 가지도록 주사를 맞아야 한다.
316	kecoh	사기(tipu daya)	Kita harus teliti membeli di toko itu, jangan sampai kena kecoh. 우리는 그 가게에서 사기를 당하지 않도록 물건을 신중히 사야한다.
317	kedap	꽉 닫힌(덮힌)	Makanan berkuah sebaiknya dikedap agar makanan tidak tumpah. 국이 있는 음식은 넘치지 않게 꽉 덮는 게 더 좋다.
318	kedutan	근육경련	Seharian kemarin mata sebelah kiri saya kedutan terus, mudah-mudahan tidak ada hal buruk terjadi. 어저께 내내 왼쪽 눈에서 경련이 있었는데 제발 나쁜 상태가 아니길!
319	kejar	쫓다, 추적하다	Anak-anak berkejaran sambil bercanda-canda. 아이들은 서로 약을 올리며 쫓아다니고 있었다.
320	kejang	큰 경련	Tubuhnya menjadi kejang-kejang setelah meminum obat itu. 그 약을 먹고 그의 몸이 심한 경련을 일으켰다.
321	kekal	불멸의	Segala yang ada di dunia ini tidak ada yang kekal. 이 세상 모든 것은 영원한 것은 없다.
322	kelam	어두운, 침침한	Hari mulai kelam, sebaiknya kita pulang. 날이 어두워지기 시작하니 집에 돌아가는 게 좋겠다.

번호	단어	의미	예문
323	keliru	실수하다, 오류를 범하다	Siapapun dapat keliru. 누구나 실수를 할 수 있다.
324	kemah	야영, 천막	Di sekolahku ada acara kemah yang diikuti dari seluruh sekolah dasar se-jawa barat. 모든 서부 자와 지역의 학교에서 열리는 야영 행사가 우리 학교에서도 열린다.
325	kemas-kemas	정돈하다, 정리된	Makanan itu dikemas secara higienis, jadi tidak usah khawatir dengan kebersihan makanan itu. 그 음식은 위생적으로 준비되어 있어, 청결에 대하여 걱정할 필요가 없다.
326	kempis (kempes)	납작해진, 수축된	Ban mobilnya kempis karena tertusuk paku. 차 타이어가 못에 찔려 수축되었다.
327	kemudi	운전	Mobil itu dikemudikan oleh Pak Amin. 그 차는 아민 씨가 운전을 한다.
328	kendala	장애물 (halangan)	Meskipun ada kendala bahasa Indonesia, jika anda belajar terus menerus semakin dapat berhasil yang baik. 인도네시아어 구사에 어려움이 있을지라도 당신이 지속적으로 공부해 가면 점점 좋은 성과를 얻을 수 있다.
329	kendali	통제, 수행	Pemerintah sedang tidak mengendalikan harga-harga pasar. 정부는 시장 가격들을 통제 못하고 있는 중이다.
330	kendati	~은 고사하고, 비록 ~일지라도,	Kendati tidak banyak yang datang, rapat tetap diadakan. 많은 사람들이 오지 않더라도 회의는 그대로 진행한다.
331	kendur, '=kendor	느슨한, 늘어진	Tolong kendurkan sabuk pengaman ini. 이 안전벨트를 느슨하게 하시오.

번호	단어	의미	예문
332	kental	진한, 농도가 짙은	Tolong buatkan kopi yang kental sekali jangan yang encer. 커피를 묽지 않고 진하게 타 주실래요?
333	kepalang	망설이는	Jangan kamu kepalang keputusan itu lagi. 넌 더 이상 그 결정을 망설이지 마라
334	keparat	제기랄, 빌어먹을	Keparat, jangan berisik anda sekalian lagi. 제기랄, 너희들 모두 더 이상 떠들지 마
335	keping	토막, 동강	Dia kehilangan beberapa keping emas yang ditaruh di brangkas 그는 금고에 둔 몇 개의 금을 잃어 버렸다.
336	kepung	둘러서다, 에워싸다	Mereka dikepung oleh sekelompok musuhnya. 그들은 적의 무리들에 포위되었다.
337	kerabat	친척 (sanak saudara)	Hari ini saya mau pulang cepat karena mau ada kerabat datang dari luar negeri. 오늘 친척이 해외에서 오기 때문에 나는 일찍 퇴근하고 싶다.
338	kerangka	해골, 골격	Kerangka ikan paus bisa kita lihat di taman rekreasi ancol di Jakarta. 고래의 뼈를 우리는 자카르타 안쫄 유원지에서 볼 수 있다.
339	kerdil	왜소한	Orang kerdil tak perlu malu dalam bergaul. 덩치가 왜소하다고 연애할 때 부끄러워할 필요 없다.
340	kerling	곁눈질	Kerlingan matanya membuat dada ini bergetar, semalaman jadi ingat terus. 그의 흘겨보는 눈은 내 가슴을 떨리게 했고 밤새 떠오른다.
341	kerut	kerut	Dahi saya sudah banyak berkerut 내 이마엔 벌써 주름살이 많다.

번호	단어	의미	예문
342	kesan	인상	Kesan pertama pada waktu berjumpa, sepertinya dia orang yang pendiam. 그 사람을 만난 첫 인상은 조용한 사람 같았다.
343	ketika	~할 때, ~하는 순간	Ketika kakak dilahirkan, saya sedang tugas keluar kota. 누나가 출산할 때 나는 시외에 외근 중이었다.
344	khas	특별한	Setiap daerah memiliki kesenian khas yang tidak dimiliki daerah lain. 어떤 지역이든 다른 지역과는 차별화된 특별한 예술적 문화가 있다.
345	khianat	배신, 배반	Jangan sekali-kali kamu berkhianat, jika berkhianat akan tahu akibatnya. 네가 한 번이라도 배신하면 그 대가를 알게 될 것이다.
346	kitab-kitab	책, 서적	Di toko itu banyak dijual kitab-kitab. 그 가게에는 책이 많이 팔린다.
347	kodrat	본성, 본능	Melahirkan adalah kodrat wanita. 아이를 출산하는 것은 여성의 본능이다.
348	kokoh	견고한 (kukuh)	Bangunan itu masih kelihatan kokoh walaupun sudah tidak terawat lagi. 그 건물은 더 보수를 않았음에도 견고해 보인다.
349	kompak	단합된	Anggota club sepak bola itu sepertinya sudah tidak kompak lagi. 그 축구 팀원들은 이미 더는 단합이 안 될 것 같다.
350	konflik	갈등	Konflik kebudayaan sering timbul akibat persaingan antara dua masyarakat sosial yang mempunyai kebudayaan hampir sama. 문화가 비슷한 두 사회집단의 경쟁은 종종 갈등을 불러 오기도 한다.

번호	단어	의미	예문
351	konon	전하다, 이야기하다	Rumah tua tersebut konon terdapat hantu. 그 오래된 집은 귀신이 있다고 이야기한다.
352	konsonan	자음(huruf mati)	Konsonan adalah huruf mati. 자음은 huruf mati라고도 한다.
353	konslet	누전	Akhir akhir ini sering sekali terjadi kebakaran diakibatkan oleh konslet listrik. 요즘 누전으로 인한 화재가 자주 발생한다.
354	konsula	영사관	Pemimpin konsulat adalah konsul. 영사관 수장은 영사이다.
355	konyol	어리석은, 헛된	Bunuh diri adalah perbuatan konyol. 자살은 어리석은 짓이다.
356	koyak	찢긴	Mayat itu tubuhnya sudah tidak utuh lagi, karena sudah dikoyak oleh harimau di hutan. 그 시체는 숲의 호랑이가 이미 온 몸을 훼손시켰기 때문에 온전치 않았다.
357	krama	예절관습 (adat sopan santun)	Di Jogjakarta, tata krama selalu diajarkan orang tua dari kecil. 족자에서는 예절관습이 어릴 때부터 항상 부모에게서 배워진다.
358	kuah	국, 육수	Saya mau pesan makanan yang berkuah seperti sup kambing. 나는 염소 고기 국처럼 국물이 있는 음식을 주문하고 싶다.
359	kuap	하품	Dari tadi aku menguap terus karna ngantuk sepanjang malam tidak tidur. 나는 어젯밤 내내 잠을 못 자 아까 전부터 졸려 계속 하품을 하고 있다.

번호	단어	의미	예문
360	kumal	더럽고 낡은 (kotor dan lusuh)	Sarung bantalnya kumal karena tidak sudah lama dipakai dan tidak pernah dicuci. 그 베게 덮개는 오랜 동안 사용하지도 씻지도 않아 더럽고 낡았다.
361	kuncup	싹, 봉오리	Bunganya sudah kuncup lebih dahulu sebelum mekar/ berkembang. 꽃이 피기도 전에 졌다. (일을 시작도 하기 전에 의욕을 상실했다)
362	kunyah	씹다	Ia susah mengunyah makanan karena giginya sakit. 그는 이가 아파 음식을 잘 씹질 못한다.
363	kupas	(껍질을) 벗기다	Kupas kulit kentangnya sebelum dipotong-potong menjadi 3 bagian. 그 감자를 3쪽으로 자르기 전에 껍질부터 벗겨라
364	kuras	소모하다, 다 쓰다	Para pemain kita benar-benar sudah terkuras tenaganya demi meraih piala itu. 우리 선수 전체가 우승컵을 가져오기엔 체력이 거의 바닥났다.
365	kusut	헝클어진, 얽힌	Rambutnya kusut kelihatan seperti tidak pernah disisir. 그의 헝클어진 머리칼은 빗질 해본 적이 없는 것처럼 보인다.
366	kutip	인용하다, 따다	Dia mengutip sebagian kecilnya dari pustaka profesornya. 그는 그의 교수 서적으로부터 일부분을 인용했다.
367	kutu	이, 벼룩	Pengemis itu berkutu-kutu di dalam rambutnya. 그 거지는 머리카락 속에 이들이 있다.
368	lafal (lapal)	발음	Coba melapalkan kata itu. 그 단어를 발음해 봐라

번호	단어	의미	예문
369	lahap	많이 먹는	Ia makan makanan itu dengan lahap, karena sudah 2 hari tidak makan. 그는 이미 이틀째 먹지 않아 그 음식들을 많이 먹었다.
370	lahir dan batin	모두, 완전히, 심신	Saya dan keluarga mohon maaf lahir dan batin. 나와 가족의 모든 잘못에 대한 용서를 빕니다.
371	lalim	포악한	Raja yang adil disayangi dan raja yang lalim dibenci. 공정한 왕은 사랑을 받고 포악한 왕은 미움을 받는다.
372	lambang	상징, 특징,표시	Warna merah melambangkan bahaya. 빨간색은 위험을 표시한다.
373	lamun	(잡념으로) 멍한	Jangan melamun terus, pekerjaanmu masih banyak nanti tidak akan selesai kalau melamun terus. 계속 멍하니 있지 마라, 네 일이 아직 많아 계속 멍하니 있으면 나중에 끝내지 못 한다.
374	lancang	버릇없는, 대책 없는	Dengan lancangnya anak itu mengucapkan kata-kata kasar kepada ibunya. 그 아이는 버릇없이 자신의 어머니에게 막말을 하고 있다.
375	lancip	날카로운, 뾰족한	Setelah diraut pensil itu menjadi lancip. 그 연필은 깎아 뾰족하게 되었다.
376	landa	짓밟다	Taiwan dilanda angin topan 대만은 태풍에 짓밟혔다.
377	langgar	(법을) 어기다, 기피하다	Dia melanggar peraturan perusahaannya. 그는 회사 사규를 어겼다.
378	lantang	또렷한	Pemimpin upacara itu memberi aba-aba (perintah) dengan lantang. 그 행사 지도자는 또렷하게 지시를 하였다.

번호	단어	의미	예문
387	lega	마음이 놓이다, 안심 되다	Saya merasa lega mendengar kabar bahwa istri saya telah melahirkan dengan selamat. 아내가 순산을 했다는 소식을 듣고 마음이 놓였다.
388	lelah	허약한, 피곤한	Karena dari tadi pagi banyak sekali tamu yang datang membuat saya lelah. 아침부터 손님이 너무 많이 와서 너무 피곤하다.
389	lelap	잘 잔, 숙면한	Tidurnya lelap sekali tadi malam. 어젯밤엔 숙면을 취했다.
390	lengah	부정확한, 부주의한	Jangan lalai bersepeda (naik sepeda) di tempat ramai. 혼잡한 곳에서는 자전거를 조심해서 타라.
391	lenggang	한가로운 senggang	Jika kamu ada waktu lenggang, main ke rumah saya. 너 한가하다면 내 집에 놀러와.
392	lengket	달라붙다, 접착하다	Saya mau melengketkan kertas ini di dinding sini dengan lem. 나는 이 종이를 풀로 여기 벽에다 붙일 예정이다.
393	lenyap	사라진, 없어진, 소멸된	Perahu itu lenyap diterjang ombak. 그 작은 배는 파도에 부딪혀 사라졌다.
394	lesu	지친, 힘없는	Kenapa kelihatan lesu begitu? Apakah ada masalah? 왜 그렇게 풀이 죽어 보이니? 무슨 문제 있어?
395	letus	(화산이) 폭발하다, 터지다	Gunung galunggung di daerah tasikmalaya pernah meletus tahun 1983. 따식말라야 지역의 갈룽궁 화산은 1983년에 폭발한 적이 있다.

번호	단어	의미	예문
396	lezat	맛있는	Sate Maranggi yang ada di cikampek terkenal lezat. 찌깜 있는 마랑기 사떼 전문 식당은 맛으로 유명하다.
397	liar	불법의, 사나운	Semoga jangan ada lagi tebang liar di hutan lindung. 보호림 지역에서의 불법 벌목은 더 이상 없기를 바란다.
398	lihai	재능 있는, 영리한	Dia sangat lihai bermain gitar. 그는 기타에 재능이 있다.
399	limpah	넘치는, 풍부한	Kekayaan orang itu sangat berlimpah. 그 사람은 엄청난 부자다.
400	linu	쑤시는, 뻐근한	Saya mau ke toko obat dikarenak saya terasa sakit linu di kaki. 나는 다리가 쑤셔 약국으로 갔다.
401	lintah	거머리	Di sawah-sawahnya banyak ada lintah. 그 논들에는 거머리가 많다.
402	lipat	2배가 되다	Harga barang naik 2 kali lipat. 가격이 2배로 올랐다.
403	lirik	곁눈질하다, 훔쳐 보다	Dari tadi aku lihat kamu melirik ke arah perempuan itu terus menerus. 아까 전부터 나는 네가 계속해서 그 여자 쪽으로 곁눈질하는 것을 보았다.
404	longgar	헐거운	Bajunya longgar karena sekarang ia menjadi kurus. 그는 야위어져 옷이 헐거워졌다.
405	longsor	허물어지다, 붕괴하다,	Rumahnya tertimbun tanah longsor. 그 집은 흙이 덮쳐 붕괴되었다.

번호	단어	의미	예문
406	lorong	좁은 길, 골목	Di sepanjang lorong itu banyak orang yang berjualan. 그 골목에서는 많은 장사치들이 있다.
407	lowongan	공지, 공고문	Perusahaan menempelkan informasi lowongan pekerjaan untuk mengisi posisi yang kosong. 회사는 비어 있는 보직을 채우기 위해 구인 공고를 붙였다.
409	lunak	(고기가) 연한, 온순한	Ayah hanya diijinkan memakan makanan yang lunak seperti roti. 부친께서는 빵처럼 연한 음식만을 먹도록 허용되었다.
410	mahir	숙련된	Dia sudah mahir menngendarai mobil. 그는 차량 운전에 숙련되어 있다.
411	majelis	회의, 위원회, 위원	Gedung MPR (Majelis Permusyaratan Rakyat) ada di daerah senayan-Jakarta Pusat. 국가평의회 건물은 중부 자카르타 스나얀 지역에 있다.
412	majikan	고용주	Pembantu itu selalu dimarahi oleh majikannya setiap hari. 그 식모는 매일 주인에게 혼이 난다.
413	makhluk	피조물, 창조물	Manusia adalah makhluk Tuhan yang paling Sempurna. 인간은 신의 최고의 창조물이다.
414	maki	욕, 욕설	Teman saya memaki ke saya. 내 친구는 내게 욕을 했다.
415	makna	의미, 뜻, 목적, 의도	Ia memperhatikan makna dari setiap kata yang terdapat di tulisan kuno itu. 그는 그 옛날 문자에서 얻은 각 단어들의 의미에 주의를 집중했다.

번호	단어	의미	예문
416	malah	오히려, 도리어	Pada saat itu saya tidak enak hatinya malah dia yang marah ke saya. 그 순간 나는 기분이 안 좋았지만 오히려 그가 내게 화를 냈다.
417	mangkir	오지 않다	Karyawan itu sudah 2 hari mangkir karena anaknya sedang dirawat di Rumah Sakit. 그 직원은 아이가 이틀 간 병원에 입원해 있어 출근을 하지 않았다.
418	manjur	효험 있는, 효력 있는	Aspirin tidak manjur bagi saya. 아스피린은 내게 별 효력이 없다.
419	mantap	건실한, 안정된	Ia menyampaikan pendapatnya dengan mantap tanpa ada keragu-raguan sama sekali. 그는 한 점 의혹 없이 건실하게 자신의 견해를 전달하였다.
420	massal	대규모, 군중	Di desa itu akan dilaksanakan nikah massal secara gratis untuk orang-orang yang tidak mampu. 그 마을에서 결혼 자금이 없는 사람들을 모아 합동결혼식이 거행될 예정이다.
421	masyhur	유명한(terkenal)	Lukisan monalisa membuat nama Leonardo Davinci menjadi masyhur di seluruh dunia. 모나리자 그림은 레오나르도 다빈치를 세계적인 유명인으로 만들었다.
422	materi	자료, 물질, 물체	Materi untuk seminar harus jelas dan bisa di mengerti oleh seluruh peserta. 세미나를 위한 자료는 명확하고 모든 참석자들이 이해할 수 있어야 한다.
423	megah	명성	Patung pahlawan itu berdiri dengan megah sekali. 그 영웅의 동상은 매우 꼿꼿하게 서 있다.

번호	단어	의미	예문
424	mendung	먹구름	Cucian tidak kering karena sepanjang hari ini mendung. 오늘 하루 종일 먹구름이 끼어 빨래들이 잘 마르질 않는다.
425	menebus	담보를 되찾다	Ia menebus gelang itu dari pegadaian. 그는 전당포에 저당 잡혔던 팔찌를 되찾았다.
426	menelan (telan)	삼키다	Untuk mengurangi rasa sakit kepalanya, ia harus menelan 3 macam pil setiap hari. 두통을 없애기 위해 그는 매일 3 종류의 약을 복용해야 한다.
427	mengadu	불평을 호소하다	Jangan suka mengadu kepada orang tuamu tentang diriku. 부모에게 자신에 대한 불만을 호소하기를 좋아하지 마라.
428	mengelola	경영하다, 관리하다	Dia mengelola restaurant itu sejak tahun 2010. 그는 2010년부터 그 레스토랑을 경영하였다.
429	menung	숙고하다	Sejak tadi saya lihat kamu selalu termenung, apakah ada yang dipikirkan? 나는 아까 전부터 네가 계속 골몰히 생각하는 걸 보았는데 무슨 생각을 하고 있니?
430	meriah	화려한, 장대한(riah)	Pernikahan teman saya terlihat seperti pesta yang meriah. 내 친구의 결혼식은 마치 화려한 파티처럼 보였다.
431	meriam	대포	Meriam itu kini ditempatkan di museum sejarah indonesia. 그 대포는 지금 인도네시아 유적 박물관에 보존되어 있다.

번호	단어	의미	예문
432	mina	관심(gairah, keinginan)	Saya tidak ada minat untuk belajar melukis. 나는 그림 공부에 관심이 없다.
433	modifikasi	수정, 개조 (perubahan)	Ia setuju melakukan modifikasi pada cerita karangannya. 그는 창작 소설을 수정하는데 동의했다.
434	mogok	멈추다, 중지하다	Mobilnya mogok di tengah jalan. 그 차가 길 중앙에서 더 이상 가질 못 했다.
435	moncong	긴 주둥이	Di rumahnya banyak ditemukan moncong babi hutan. 그의 집에는 주둥이가 긴 돼지들이 많다.
436	montir	정비사	Dia seorang montir yang bekerja di bengkel itu. 그는 그 정비소에서 일하는 한 정비사이다.
437	montok	포동포동한 gemuk padat	Ia menggendong bayinya yang montok. 그는 포동포동한 아기를 안고 있다.
438	muak	지긋지긋한, 지겨운	Aku muak melihat kotoran kucing. 난 고양이의 배설물을 보는 게 지긋지긋하다.
439	muara	하구, 강어귀	Air sungai bertemu dengan air laut di muara. 강물은 하구에서 바닷물과 만난다.
440	mudik	귀향하다	Menjelang lebaran, hampir semua orang Indonesia mudik ke kampung halamannya. 르바란 때 대부분 인도네시아인은 고향으로 간다.
441	mulur	탄력 있는	Mudah-mudahan waktu pendaftaran dapat mulur sedikit. 등록 시간 마감이 조금 더 연장되었으면…
442	mulus	부드러운, 깨끗한	Tangannya mulus sekali karena setiap hari pakai losion. 그녀의 손은 매일 로션을 발라 매우 부드럽다.

번호	단어	의미	예문
443	munafik	위선적인	Ternyata saya baru tahu orang itu yang munafik, berpura-pura baik di depan saya, tetapi di belakang saya selalu membicarakan saya. 그 사람이 내 앞에서는 착한 척하고 뒤에서 나를 흉보는 위선적인 사람이란 걸 이제야 알았다.
444	mungkir	부정하다, 부인하다	Selalu saja dia mungkir pada janji-janjinya. 그는 항상 약속들을 부인하였다.
445	murni	때 묻지 않은, 순수한	Cincin itu terbuat dari emas murni. 그 반지는 순금으로 만들어졌다.
446	murung	우울한	Wajahnya yang biasanya selalu berseri-seri kini berubah murung. 그녀의 얼굴이 평소와 달리 우울해 보인다.
447	musnah	파괴된, 소멸된	Pada perang itu hampir semua bangunan dimusnahkan musuhnya. 그 전쟁에서 거의 모든 건물들이 적들에 의해 파괴되었다.
448	mustahil	불가능한	Mustahil pembangunan gedung itu hanya dikerjakan dalam waktu 2 bulan. 그 건물을 두 달 안에 짓는 건 불가능하다.
449	mustika	보물	Mustika itu sangat mahal harganya. 그 보석은 가격이 너무 비싸다.
450	mutakhir	최근, 근래	Di gedung itu akan diadakan pameran teknologi mutakhir saat ini. 조만간 그 건물에서 기술 박람회가 개최될 예정이다.
451	musyawarah	회의, 토의	Di lingkungan tempat tinggal biasanya selalu diadakan musyawarah untuk menentukan ketua RW. 마을에는 항상 마을 통장을 정하기 위한 회의가 열린다.

번호	단어	의미	예문
452	mutasi	전보, 경질	Karyawan itu dimutasikan dari Dept QC ke Dept produksi. 그 직원은 품질관리 부서에서 생산 부서로 전보되었다.
453	mutiara	진주	Banyak mutiara dari ambon. 많은 진주가 암본에서 온다.
454	mutu	질, 품질, 등급	Emas itu bermutu tinggi. 그 금은 순도가 높다.
455	nafkah	생계 rezeki	Suami wajib memberi nafkah kepada keluarga. 남편은 가족에 대한 부양의 의무가 있다.
456	nafsu	욕구, 욕망	Saya sedang tidak nafsu makan hari ini. 나는 오늘 식욕이 없다.
457	naluri	본능	Naluri seorang ibu sangat kuat kepada anaknya. 아이에 대한 모성애는 매우 강하다.
458	nanah	고름	Dia bernanah di tempat lukanya. 그는 상처 부위에 고름이 생겼다.
459	(me)nanti	기다리다, 고대하다(menunggu)	Sudah dari tadi saya menanti anda disini. 아까 전부터 나는 너를 여기서 기다렸다.
460	nasihat	조언, 충고	Lebih baik aku ikuti nasihat ibu. 엄마의 조언을 따르는 게 더 좋다.
461	niat	목적, 의도	Mudah-mudahan niat baik anda akan segera terwujud / terlaksana. 당신의 좋은 취지가 즉시 실현되기를 바란다.
462	nihil	무(無)	Setelah dicek kemana-mana ternyata hasil nihil. 여기 저기 확인해 봤지만 성과가 하나도 없었다.

번호	단어	의미	예문
463	niscaya	반드시, 틀림 없이 (pasti, tentu)	Jika diundang niscaya aku datang. 초대한다면 난 반드시 갈 것이다.
464	nista	비난	Janganlah kamu menistakan orang miskin. 가난한 사람을 비난하지마라
465	noda	오점, 얼룩, 불순물	Terdapat noda darah pada baju itu. 그 옷에 피 얼룩이 묻었다.
466	nominal	합계(jumlah)	Nominal pembayaran hutang berapa? 외상매입금 지불 합계가 얼마이냐?
467	notaris	공증인	Perjanjian jual beli tanah itu disyahkan oleh notaris. 그 토지 매매계약은 공증인에 의해 인가되어진다.
468	nujum	점성 (per-bintangan)	Penujum itu melihat bintang-bintangnya malam ini. 그 점성술사는 오늘밤 별들을 바라보고 있다.
469	nur	빛(cahaya)	Nama dia nur yang berarti cahaya. 그녀의 이름은 빛이라는 뜻을 가지고 있는 누르이다.
470	nyeri	통증	Pasien itu mulai menangis menahan nyeri. 그 환자는 통증을 참느라고 울기 시작했다.
471	obeng	드라이버	Dia berputar-putar obengnya. 그는 그 드라이버를 계속 돌리고 있었다.
472	obrol	얘기를 나누다, 만담하다	Setiap pagi mereka mengobrol di kafe itu. 매일 아침 그들은 그 카페에서 얘기를 나누었다.
473	obyek	목표, 목적	Kata kerja transitif mempunyai kata obyek. 타동사는 목적어를 가진다.
474	(memper)oleh	획득하다, 달성하다	Dia memperoleh hasil terbaiknya. 그는 최고의 성과를 달성했다.

번호	단어	의미	예문
475	oposisi	야당, 저항, 대립	Banyak Partai-Partai Indonesia menjadi oposisi pada pemerintah-nya. 많은 인도네시아의 당들은 현 정권의 반대편이 되었다.
476	pacu	박차, 박동	Pemain itu memacukan kudanya. 그 선수는 말에 속력을 가했다.
477	padahal	반면에, 한편	Ia pura-pura berani padahal badannya gemetar menahan takut. 그는 용감한 척 했지만 한편 몸은 무서워 떨고 있었다.
478	padat	꽉 찬, 고체	Lumbung itu diisi padi sampai penuh untuk persiapan musim kemarau. 그 헛간은 건기 대비를 위한 벼로 꽉 차 있었다.
479	pahat	정, 끌	Seniman itu sedang memahat patung. 그 예술가는 동상을 조각하고 있는 중이다.
480	panen	수확	Para petani merasa sedih karena sawahnya terancam gagal panen. 모든 농부는 그들의 논이 수확 실패 위기에 놓여 매우 슬프다.
481	pangkat	직급, 계급	Ayah saya naik pangkat dari kapten sekarang menjadi jenderal. 내 부친께서는 장교에서 지금은 장군 계급으로 올랐다.
482	pangkal	시초(awal)	Pangkal persoalan itu sebenarnya hanya masalah sepele. 그 문제의 발단은 한낱 사소한 것이었다.
483	panjat	오르다, 승진하다	Olahraga panjat tebing akan diadakan di Sumatra barat. 절벽타기 시합이 서부 수마트라에서 열릴 예정이다.

번호	단어	의미	예문
484	pantas	적합한, 어울리는	Ia memang sudah pantas menjadi juara. 그는 물론 챔피언이 될 만했다.
485	pantun	4행시	Coba kamu membuat pantun dengan kata itu. 너 그 단어를 사용하여 4행시를 지어봐.
486	papar	설명, 말	"Saya tidak berdosa" paparnya. "나는 잘못이 없다"라고 그가 말했다.
487	parah	상태가 심한, 중상의	Lukanya cukup parah, harus segera dibawa ke rumah sakit. 부상이 심하니 즉시 병원으로 데려가야 한다.
488	parap	약식서명	Bila sudah diterima surat ini, tolong diberi paraf di buku ini. 이 편지를 받았으면 이 책에다 확인 서명을 해 주세요.
489	paragraf	(문장의) 절	Coba kamu menjelaskan paragraf itu. 너 그 절을 설명해 봐라
490	pasif	수동의	Anggota perkumpulan itu rata-rata orangnya pasif semua. 그 모임의 회원들은 모두 대체적으로 수동적이다.
491	pasok	납세, 지불	Saya sudah memasok pajaknya. 나는 이미 세금을 납부했다.
492	paten	특허	Lagu itu dipatenkan oleh pemerintah sebagai lagu ciptaan grup musik peterpan. 그 노래는 피터 팬 그룹의 창작곡으로 정부에 의해 특허를 받았다.
493	patok	막대기, 기둥	Dia mematokkan banyak kayu-kayu untuk membuat pagar kebunnya. 그는 정원 울타리를 만들기 위해 많은 나무 막대기들을 박고 있다.

번호	단어	의미	예문
494	patuh	순종하다, 고분고분하다	Rakyat selalu patuh pada pemerintah. 국민은 항상 정부에 순종한다.
495	patut	적합한, 어울리는	Perbuatan baik itu patut di contoh. 그 좋은 행동은 본보기로 적합하다.
496	pecat	해고, 파면	Bagaimana kita memecat dia, sedangkan dia tidak bersalah. 우리가 그를 어떻게 해고하나, 반면 그는 잘못이 없는데.
497	pedoman	설명서, 나침반	Baca buku pedomannya dulu, sebelum menggunakan alat itu. 그 도구를 사용하기 전에 먼저 매뉴얼 책을 읽어라.
498	peduli	주의를 기울이다	Ia tidak peduli akan larangan orang tuanya. 그는 부모의 금기 령에 주의를 기울이지 않았다.
499	pegal	근육이 배긴, 뻐근한,	Karena terlalu banyak bekerja seluruh anggota badan terasa pegal semua. 너무 많이 일을 해서 모든 회원은 몸이 뻐근함을 느꼈다.
500	pekat	진한, 걸쭉한	Warna air di saluran air pembuangan menjadi pekat akibat limbah pabrik. 하수도의 물 색깔이 공장에서 버린폐수로 인하여 진하게 되었다.
501	pekik	비명(teriakan, jeritan)	Terdengar pekik tangis orang dalam kapal yang terbakar itu. 그 불탄 배 안에서 사람의 큰 울음소리가 들렸다.
502	peluang	기회 kesempatan	Ia mempunyai peluang untuk menjadi manager di perusahaan itu. 그는 그 회사의 매니저가 될 기회가 있었다.

번호	단어	의미	예문
503	peluk	포옹, 껴안음	Mereka berpeluk berlama-lama sebelum berpisahan. 그들은 헤어지기 전 오랫동안 포옹하고 있었다.
504	penat	지친, 피곤한	Sambil melepaskan penat di kepala, ia jalan-jalan sebentar ke mall. 머리도 식힐 겸 그는 잠시 몰로 걸어갔다.
505	pengadilan	법원	Rumahnya terletak di depan pengadilan agama. 그의 집은 종교 법원 앞에 있다.
506	pengalaman	경험	Ia suka menceritakan pengalamannya pada saat revolusi politik. 그는 정치개혁 순간의 경험을 얘기하길 좋아 한다.
507	pengap	갑갑한	Kamar itu pengap karna tidak berjendela. 그 방은 창이 없어 갑갑했다.
508	pengaruh	영향	Besar sekali pengaruh orang tua terhadap watak / sikap anaknya. 아이들의 행동은 부모의 영향이 크다.
509	pengemis	거지	Pengemis itu setiap hari mengemis di bawah jembatan. 그 거지는 매일 다리 밑에서 구걸을 한다.
510	penggal	자르다 (potong, tebas)	Penggal saja kepala perampok itu. 그 강도의 목을 베어라.
511	pengolahan	가공, 제조	Bidang usaha perusahaan itu pengolahan kayu lapis. 그 회사의 업종은 합판 제조이다.
512	perampok	강도, 도둑	Salah satu dari 3 orang komplotan (kelompok) perampok itu sudah tertangkap. 3명의 공범 강도 중 한 명이 잡혔다.

번호	단어	의미	예문
513	perangai	태도, 행동, 성격	Dia selalu saja memuji perangai calon menantunya. 그는 늘 사윗감의 행동을 칭찬한다.
514	perbanding-an	비교	Lebih baik cari perbandingan harga di tempat lain dulu, barangkali bisa lebih murah. 어쩌면 더 싼 물건이 있을지 모르니 다른 곳으로 가서 가격 대비를 해보자.
515	percuma	쓸데없는, 무익한	Percuma kita bekerja keras jika gajinya tidak sesuai dengan pekerjaan kita. 우리 급여가 일한 만큼의 대가에 미치지 않는다면 열심히 일할 필요가 없다.
516	perihal	제목	Surat ini isinya perihal pembayaran utang. 이 편지는 채무 지불 요청서이다.
517	perilaku	품행	perilaku seseorang dibentuk dari lingkungan dimana dia tinggal. 어떤 사람의 품행은 그가 살았던 곳의 환경으로부터 나타나기도 한다.
518	perincian	명세, 세부	Minta bawa saya perincian hutang-hutang. 외상매입 명세를 내게 갖다 줘요.
519	peringkat	서열, 순위	Dia mendapat peringkat ke 2 pada kejuaraan renang tingkat Jawa Barat. 그는 서부 자와에서 주최한 수용 대회에서 2등을 차지하였다.
520	peristiwa		Semoga tidak ada korban dalam peristiwa meletusnya Bromo ini dan semoga aman-aman saja. 브로모 화산의 폭발사건에서 피해자가 없이 모두가 안전하기를 바란다.

번호	단어	의미	예문
521	perkara	사건	Ini hanya perkara kecil saja, jangan terlalu di besar-besarkan. 이 일은 작은 사건에 불과하니 지나치게 키우지 마라.
522	perkosa	강간	Banyak sekali kasus perkosaan yang belum selesai diurus. 아직 미해결된 강간 사건이 많다.
523	persis	정확히, 틀림없이	Saya tau persis bahwa pada waktu itu di dalam pesawat tidak ada bayi. 나는 그 때 비행기 안에 아기가 없었다는 것을 정확히 알고 있다.
524	perwira	장교 (anggota tentara)	Dibuka pendaftaran sekolah untuk calon perwira angkatan darat. 육군 장교 후보를 위한 학교가 개교되었다.
525	pesangon	퇴직급여	Uang pesangon karyawan itu belum diterima sampai sekarang. 그 직원의 퇴직급여는 지금까지 지급되지 않았다.
526	pesona	매력, 요염 (daya tarik)	Senyum gadis itu penuh pesona. 그 아가씨의 미소는 아주 매력적이다.
527	peti	상자	Peti mayat itu terbuat dari emas. 그 관은 금으로 만들어졌다.
528	piatu	고아	Setiap saya melihat piatu itu, saya merasa sedih. 매 번 그 고아를 보면 나는 슬픔을 느낀다.
529	picu	방아쇠	Polisi itu memicu kepada pencuri itu yang mau lari. 그 경찰은 도망치려는 그 도둑에게 방아쇠를 당겼다.

번호	단어	의미	예문
530	pidana	범죄	Banyak kasus pidana yang belum terselesaikan oleh polisi. 경찰이 아직 해결 못한 범죄 사건이 많이 있다.
531	pidato	연설, 강연	Sebentar lagi akan ada pidato direktur kita. 잠시 후 우리 이사의 연설이 있을 것이다.
532	pikul	짐	Kasihan orang itu harus memikul barang dagangannya yang berat sendiri. 그 사람은 혼자서 팔 물건들을 지고 가야하니 안 됐다.
533	pilu	매우 슬픈	Pilu hatiku mendengar cerita anak itu. 그 아이의 소식을 듣고 내 마음이 슬펐다.
534	pipis	오줌, 소변	Anak kecil masih suka pipis dalam celana. 어린 아이는 아직 옷 안에 오줌 누기를 좋아 한다.
535	pirsa	알다, 보다 melihat, tahu	Siaran langsung permainan sepak bola itu sangat diharapkan banyak pemirsa menyaksikan malam ini. 그 축구경기 생중계가 오늘 밤 많은 시청자들이 지켜보기를 매우 희망한다.
536	pita	리본	Kado itu dibungkus dengan kertas dan diberi pita di atasnya. 그 선물은 종이로 포장되어 있고 그 위에는 리본이 달려 있었다.
537	piyama	잠옷	Ibu membelikan aku sepasang piyama. 어머니는 내게 한 벌의 잠옷을 사다 주셨다.
538	pola	(의상 제작용) 종이 본, 구조	Sebelum menjahit baju, harus dibuat dulu pola bajunya. 옷을 짜 집기 전에 치수를 먼저 재야한다.
539	polusi	공해	Banyaknya kendaraan bermotor di jakarta menyebabkan polusi. 자카르타의 많은 오토바이들이 공해의 주범이다.

번호	단어	의미	예문
540	praduga	편견, 선입견 (prasangka)	Saya kira kamu mempunyai praduga kepada dia. 나는 네가 그에 대해서 편견을 가지고 있다고 생각한다.
541	pramugari	스튜어디스, 여승무원	Dibuka lowongan pekerjaan sebagai pramugari di Garuda Indonesia Airways. 인도네시아 가루다 항공사에서 여승무원을 구인 중이다.
542	prasangka	선입견	Jangan suka punya prasangka terhadap orang yang baru dikenal. 방금 알게 된 사람에게 선입견을 가지려 하지마라.
543	predikat	술어	Jika ada subyek harus ada predikat juga. 주어가 있으면 술어도 있어야 한다.
544	preman	강도	Di terminal banyak preman-preman berkeliaran, jadi harus hati-hati. 터미널에는 많은 강도가 배회하므로 조심해야 한다.
545	prestasi	성취, 달성	Prestasinya telah membuat orangtuanya merasa bangga. 그의 성공은 그의 부모님들을 자랑스럽게 했다.
546	prihatin	비애에 젖은, 슬픈	Kita selalu prihatin mendengar berita kebakaran dimana-mana. 우리는 어디에서든 화재소식을 들을 때마다 비애에 젖는다.
547	prinsip	원칙, 원리	Hidup untuk bekerja keras adalah prinsip saya dari dulu. 열심히 일하는 생활은 오래전부터의 내 신조이다.
548	prioritas	우선권, 급선무	Merawat suami dan anak anak adalah prioritas saya saat ini. 이 순간 내겐 남편과 아이들을 돌보는 게 우선이다.

번호	단어	의미	예문
549	promosi	승진, 진급	Dia dipromosikan sebagai manager keuangan. 그는 경리과장으로 승진되었다.
550	propinsi	주(州)	Dalam rangka merayakan ulang tahun provinsi Banten akan diadakan pesta. 반뜬 주의 창립을 경축하기 위하여 축제가 열릴 것이다.
551	prosedur	절차	Latihan mencegah kebakaran harus sesuai dengan prosedur yang telah ditetapkan oleh pemerintah. 소방 훈련은 정부에서 제정된 절차에 의거하여야 한다.
552	puing	쓰레기	Akibat gempa bumi yang dahsyat kota itu menjadi timbunan puing - puing. 그 도시에 엄청난 지진이 발생한 결과 쓰레기들이 잔뜩 쌓였다.
553	puisi	시	Dia pandai membuat puisi. 그는 시를 잘 쓴다.
554	puji	칭찬	Hari ini boss ku memuji hasil pekerjaanku. 오늘 내 상관이 나의 업무 실적을 칭찬하셨다.
555	pulih	복구(복원)되다	Kebudayaan itu dipulihkan kembali seperti keadaan semula. 그 문화재는 처음 상태로 복원되었다.
556	pungut	징수하다	Kantor pajak memungut pajak-pajak dari yang berwajib pembayaran pajak. 세무서는 납세 의무가 있는 사람(법인)으로부터 세금들을 징수한다.
557	pura-pura	가장하다, 체하다	Jangan pura-pura tidak tau kalau saya sedang sakit, sehingga kamu tidak datang melihat saya ke RS. 내가 아프다면 병문안 오지 않으려고 모르는 체 하지마라

번호	단어	의미	예문
558	purba	옛날의, 고대의	Di jawa barat telah ditemukan kerangka manusia purba. 서부 자와 지역에서 고대 유골이 발견되었다.
559	puspa	꽃(bunga)	Puspa itu sangat indah. 그 꽃은 매우 아름답다.
560	pustaka	도서	Saya sedang mencari sesuatu buku di perpustakaan. 나는 도서관에서 어떤 책을 찾고 있는 중이다.
561	raba	쓰다듬어 주다	Dia selalu meraba barang-barang yang ada di sebelahnya dahulu sebelum mulai berjalan karna kedua matanya buta. 그는 두 눈이 안 보여 걷기 전에 항상 주변 물건들이 어떤지 쓰다듬어 본다.
562	raga	몸, 신체	Meskipun raga ini tak di samping mu, namun hati ini tetap mengingat kamu. 이 몸이 너의 곁에 없을 지라도 내 마음은 항상 너를 생각한다.
563	ragam	종류 (macam , jenis)	Banyak ragam bahasa dan kebudayaan yang ada di Indonesia. 인도네시아에는 많은 종류의 언어와 문화가 존재한다.
564	rahim	자궁 (kandungan)	Istrinya menderita kanker rahim. 그의 아내는 자궁암을 앓고 있다.
565	raih	획득하다, 달성하다	Pada perlombaan balapan mobil kemarin ia meraih juara 1. 어저께 차 경주에서 그가 우승을 차지하였다.
566	ralat	교정, 정정	Saya akan meralat kata-kata saya barusan. 나는 방금 쓴 글들을 교정할 것이다.

번호	단어	의미	예문
567	ramah	점잖은, 친근한	Saya senang bergaul dengan dia, karena orangnya ramah pada siapa saja. 나는 그 사람이 누구에게나 친근하게 대하므로 그와 친해지는 것이 즐겁다.
568	ramah-tamah	격식 없는 (ngobrol santai)	Kami mengadakan pertemuan ramah tamah dengan gubernur. 우리는 주지사와 격식 없는 만남을 가질 것이다.
569	ramping	날씬한	Baru beberapa bulan melahirkan, kini badannya sudah ramping kembali. 출산한 지 몇 개월도 안 되었는데 벌써 날씬한 몸매로 돌아 왔다.
570	rancang	설계	Designer itu saat ini sedang merancang pakaian pengantin. 이 순간 그 디자이너는 예복을 설계하고 있는 중이다.
571	rangka	관련, 맥락	Dalam rangka memperingati hari ualng tahun kota Jakarta marilah kita ikut memelihara kebersihan kota Jakarta. 자카르타 시 창립 기념을 맞이하여 우리 모두 자카르타 시 청결을 위하여 동참합시다.
572	rangkai	다발, 묶음	Ia mengalungkan rangkaian bunga kepada tamu negara. 그는 외국 손님에게 꽃다발을 목에 걸어주었다.
573	ranjang	침대	Ranjang ini saya beli di Jakarta. 이 침대는 자카르타에서 샀다.
574	ranting	작은 나뭇가지	Kakek tua itu mengumpulkan ranting kecil untuk dijadikan kayu bakar untuk memasak. 그 늙으신 할아버지께서는 요리를 위한 땔감으로 작은 가지들을 모았다

번호	단어	의미	예문
575	rapuh	여린, 흔들리는	Untuk mencegah tulang rapuh dari sekarang di biasakan minum susu yang mengandung kalsium tinggi. 부러진 뼈를 돌보기 위해 보통 고칼슘이 함유된 우유를 마신다.
576	rayu	비애에 젖은, me ~아첨하다	Dia suka lagu rayuan. 그는 슬픈 노래를 좋아한다.
577	reda	잠잠해진, 줄어든	Hujannya sudah mulai reda. 빗줄기가 이미 잠잠해지기 시작했다.
578	redam	방음의	Pada dinding studio musik biasanya ditempel bahan yang dapat meredam suara musik, agar tidak kedengaran berisik dari luar. 음악 스튜디오 벽에는 보통 바깥으로부터 또는 바깥으로 소리가 새지 않도록 방음 장치가 되어 있다.
579	reka	고안, 조치	Saya merekakan sesuatu usaha pribadi sekarang. 나는 지금 어떤 개인 사업을 계획하고 있다.
580	rekam	녹음, 기록	Perekam saya sudah rusak. 내 녹음기는 고장 났어.
581	r?la	기꺼이 ~하는 (ikhlas)	Saya harus merelakan kehilangan pekerjaan karna perusahaan tempat saya bekerja sudah bangkrut. 나는 근무하던 회사가 부도가 나서 직장을 잃어 버린 것을 어쩔 수 없이 받아 들여야 한다.
582	remaja	한창의, 젊은	Disana dijual baju-baju untuk remaja. 거기에서는 젊은 층의 옷들을 판다.
583	remeh	하찮은, 소홀한	Jangan selalu meremehkan masalah kesehatan. 항상 건강 문제를 소홀히 하지마라.

번호	단어	의미	예문
584	renggang	거리감이 있는	Perkara itu menyebabkan hubungan kedua orang itu menjadi renggang. 그 사건은 두 사람의 관계에 거리감이 생기게 했다.
585	rentak	갑자기, 돌연	Ujian negara dilaksanakan dengan serentak. 국가시험이 갑자기 시행되었다.
586	reputasi	명망	Gosip itu bisa menghancurkan reputasi dirinya di dunia entertainment. 그 가십거리는 연예 세계에 자신의 명망을 손상시킬 수 있다.
587	resah	불안한	Perampok itu sudah lama meresahkan warga. 그 강도는 오랜 동안 주민들을 불안에 떨게 했다.
588	resensi	서평	Resensi sering diartikan sebagai pembicaraan tentang buku atau ulasan buku. 서평은 자주 책 또는 책 내용 분석에 대한 토의로써 정의되어 진다.
589	restu	축복, 허락 (berkah, izin)	Saya mohon restu dari orang tua untuk bisa menikah di tahun ini. 나는 올해 혼인할 수 있도록 부모님의 허락을 원한다.
590	retak	금이 간	Gelas ini sudah retak, jangan digunakan lagi. 이 컵은 이미 금이 가서 더는 사용 못 한다.
591	riang	즐거운, 유쾌한	Dengan riang ia menyambut kedatangan saya. 그는 나의 방문을 기쁘게 받아들였다.
592	risau	싱숭생숭한 (resah)	Hari ini pikiran saya dirisau dengan masalah ini. 오늘 이 문제로 내 생각이 싱숭생숭하다.
593	rujuk	화해, 재결합	Dia rujuk dengan istrinya. 그는 전처와 재혼했다.

번호	단어	의미	예문
594	rujukan	참고(문헌)	Saya menerbitkan buku, sebagian isi buku itu saya ambil dari beberapa rujukan. 나는 책을 발간했는데 내용의 일부분을 몇 권의 저서로부터 인용하였다.
595	rumit	어려운, 복잡한	Soal bahasa Inggris sangat rumit. 영어 문제는 매우 어려웠다.
596	rumpang	쓰러지다, 넘어가다(tumbang)	Pohon itu rumpang akibat angin yang kencang. 바람이 워낙 세어 그 나무가 넘어 갔다.
597	runcing	날카로운, 뾰족한	Pensil ini masih runcing baru diserut. 이 연필은 방금 깎아 아직 뾰족하다.
598	runtuh	붕괴하다(roboh)	Rumah itu runtuh terkena gempa. 그 집은 지진을 맞아 붕괴되었다.
599	rusuh	혼란한	Warga menjadi rusuh karna pemilihan kepala desa tidak berjalan lancar. 주민들은 면장 선거가 원활히 진행되지 않아 혼란스러워 했다.
600	sajak	시, 운, 리듬 (syair, puisi)	Penyair itu sedang menulis sajak untuk HUT RI. 그 시인은 인도네시아 광복절 기념 시를 쓰고 있는 중이다.
601	saji	요리, 음식 (hidang, siapkan)	Sajian sudah disediakan pada suatu tempat untuk dimakan. 다 된 음식은 어디서든 먹도록 준비되어 있다.
602	saksama	정확한, 빈틈없는	Surat-surat itu diperiksa dengan saksama. 그 서류들은 빈틈없이 조사되어졌다.
603	salah-satu	그 중에 하나	Coba kamu memilih salah satu dari barang-barang itu. 네가 그 물건들 중 하나를 골라라.

번호	단어	의미	예문
604	saluran	수로, 도랑	Menurut saya macet saluran air di sekitar sini. 내 생각엔 이 주변에 있는 수로가 막혔다.
605	sama- sekali	전혀, 전적으로	Dia tidak ada kesalahan sama skali. 그는 전혀 잘못이 없다.
606	sang	의인화 형태소	Sudah seminggu sang raja sakit parah. 일주일 째 왕은 위독한 상태이다.
607	sanggah	거부하다, 부인하다	Tersangka itu menyanggah perbuatan dia terus. 그 용의자는 계속 자신의 행위를 부인했다.
608	sanggar	스튜디오	Aku mau belajar tari bali di sanggar milik ibunya. 나는 그 부인 소유 스튜디오에서 발리 춤을 배우고 싶다.
609	sanggul	전통식 머리묶음	Biasanya pengantin wanita mengenakan kebaya dan rambutnya disanggul. 보통 새 신부들은 전통 혼례용 윗옷과 전통 머리묶음을 한다.
610	sapa	말을 걸다	Kalau bertemu temannya ia selalu menyapa lebih dulu. 그는 친구를 만나면 항상 먼저 말을 건다.
611	saran	건의, 제안	Saya sarankan kepada dia untuk belajar bersama. 나는 그에게 같이 공부하기를 제안했다.
612	sarang	새집, 곤충 집	Pagi hari burung-burung itu keluar dari sarangnya. 아침 그 새들은 새장으로부터 나갔다.
613	saring	여과하다	Saya mau membeli saringan air sore ini. 나는 오늘 오후 정수기를 사고 싶다.

번호	단어	의미	예문
614	sayat	잘게 썰다	Daging sapi yang telah disayat itu akan dikirim ke pasar-pasar untuk dijual. 잘게 썰어진 쇠고기들은 시장에 내다 팔기 위해 보내질 예정이다.
615	sayur-mayur	야채류 (sayur sayuran)	Harga sayur mayur di pasar naik menjadi 20% mendekati bulan puasa. 시장의 야채류 가격이 금식기간이 다가오자 20% 인상되었다.
616	sebar	퍼뜨리다, 배포하다	Kabar itu telah tersebar kemana-mana. 그 소문은 벌써 사방으로 퍼져나갔다.
617	sebaya	나이가 같은	Anak perempuannya sebaya dengan anak perempuan saya. 그 여자의 애는 내 딸과 나이가 같다.
618	sebel	불쾌한 mendongkol, kesal hati)	Saya sedang sebel dengan teman saya yang selalu terlambat bila ada janji. 나는 지금 약속이 있을 때마다 항상 늦는 친구 때문에 속상하다.
619	sederhana	검소한, 간소한	Orang itu sederhana. 그 사람은 검소하다.
620	sedap	맛있는, 기분 좋은	Lagunya tidak sedap didengar. 그 음악은 듣고 싶지 않다.
621	sedot	퍼내다	Suruh meyedot semua kamar kecil sore ini. 오늘 오후 모든 화장실의 오물을 퍼내게 하라.
622	segan	내키지 않는	Ia segan menegur orang itu, karena lebih tua dari dia. 그는 나이가 더 많은 그 사람을 경고하는 게 내키지 않는다.

번호	단어	의미	예문
623	segel	세관 인지, 딱지	Pegawai bea cukai memasang segel di pintu belakang boks truknya. 그 세관원은 그 박스트럭의 뒷문에 딱지를 붙였다.
624	sejarah	역사	Saya ingin menjadi sejarahwan. 나는 역사가가 되고 싶다.
625	sejati	사실, 진실한	Adakah cinta sejati di dunia ini? 이 세상에 진실한 사랑이 있을까?
626	seka	몸을 닦다	Dia menyeka muka dan tangan dengan handuk basah. 그는 젖은 수건으로 얼굴과 손을 닦았다.
627	seledang	어깨띠	Banyak perempuan memakai seledang di upacara pernikanhan itu. 그 결혼식에 온 많은 여성들은 어깨띠를 두르고 있었다.
628	selenggara	열리다, 개최되다	Rapat umum akan diselenggarakan di bandung. 총회는 반둥에서 열릴 예정이다.
629	selingkuh	부정직한, 음흉한	Saya kira dia berselingkuh dengan seorang perempuan tanpa pengetahuan istrinya. 내 생각에 그는 아내 몰래 한 여자와 바람을 피우는 것 같다.
630	selokan	도랑	Selokan air itu tersumbat karena banyak orang buang sampah di situ. 그 도랑은 많은 사람들이 거기에 쓰레기들을 버려 막혀 있었다.
631	sembah	경례, 존경, 증정	Umat hindu menyembah dewa brahma pada hari raya waisak. 힌두교 신자들은 와이삭 명절에 부라마 신께 예배를 드린다.

번호	단어	의미	예문
632	sembarang(an)	마음대로, 제멋대로, 누구(무엇이)든지	Dilarang buang sampah sembarangan. 쓰레기를 마음대로 버리지 마시요.
633	sembelih	도살하다	Kambing itu akan disembelih untuk disate. 저 염소는 사떼를 만들기 위하여 도살될 것이다.
634	sembelit	변비	Sudah minum obat, tapi sembelit belum juga sembuh. 약을 먹었는데도 변비가 아직 없어지질 않는다.
635	senandung	콧노래	Ibu sering sekali bersenandung waktu menidurkan adik bayi. 어머니는 애기 동생을 재울 때 자주 콧노래를 부르신다.
636	senat	학생회(organisasi mahasiswa)	Senat fakultas ekonomi mengadakan acara musik awal. 경제학과 학생회는 개학 음악회를 열었다.
637	sendat	막힌, ter~ 중간 중간 막힌	Acaranya menjadi tersendat sedikit karena ada gangguan. 그 행사는 방해가 있어 중간 중간 끊겼다.
638	sengsara	불행, 고통	Hidupnya akan sengsara jika mempunyai suami yang tidak bisa bekerja. 일을 할 수 없는 남편을 둔다면 인생이 불행할 것이다.
639	seniman	예술가	Titik puspa adalah seniman serba bisa. 띠띡 뿌스빠는 만능 연예인이다.
640	senja	황혼, 땅거미	Hari sudah senja sebaiknya kita cepat pulang. 날이 어두워지니 우리 빨리 돌아가는 게 좋겠다.
641	sentuh	접촉하다, 맞닿다	Seorang ibu menyentuh tubuh anaknya. 한 아주머니가 자기 아이를 쓰다듬고 있다.

번호	단어	의미	예문
642	senyap	매우 조용한, 장사가 잘 안되는	Di pedesaan itu kalau malam senyap sekali. 그 마을에서는 밤이면 매우 조용하다.
643	sepakat	동의, 합의	Kedua orang itu bersepakat menjadi teman. 그 두 사람은 친구가 되기로 동의하였다.
644	serangga	곤충	Akibat gigitan serangga tangannya jadi bengkak. 곤충에 물려서 손이 부었다.
645	serap(menyerap)	빨아들이다, 흡수하다	Kertas seperti ini mudah menyerap tinta. 이런 종이는 잉크를 많이 먹는다.
646	serbu(menyerbu)	serbu(menyerbu)	Polisi sedang menyerbu rumah penjahat. 경찰은 악한의 집을 습격하는 중이다.
647	serentak	동시의	untuk memperingati hari kemerdekaan hari ini serentak mengibarkan bendera merah putih. 광복절을 맞이함과 동시에 국기를 게양한다.
648	serut	잘게 쓴	Rujak serut itu rasanya enak sekali. 과일 생채는 매우 맛있다.
649	sesama	동료	Sesama umat agama harus saling menghormati. 같은 종교 신자들은 상호 존중하여야 한다.
650	sesat	길을 잘못 들어선, 어긋난	Sepertinya kita tersesat, bukan jalan ini yang seharusnya kita lewati. 우리는 길을 잘못 들어선 것 같고, 원래 이 길이 아닌 지나온 길 같다.
651	setara	동급의	SMU setara dengan SMK. 인문계고교는 실업계고교와 동급이다.
652	sia-sia	쓸데없는, 헛된	Sia-sia saja aku minum obat ini, sakitku belum juga hilang. 이 약을 먹어도 소용없는 게 내 병이 호전지지 않는다.

번호	단어	의미	예문
653	sidang	집회, 회의	Sidang itu dihadiri oleh semua anggota partai. 그 집회는 모든 당원들에 의해 참석되어졌다.
654	silam	이미 지나간, 과거의	Ia terus saja mengenang kejayaan nenek moyangnya yang telah silam. 그는 옛날 조모의 위대함을 계속 기념하고자 한다.
655	silaturahmi	우정이 있는, 친한	Dengan adanya acara pertemuan seperti ini jadi lebih meningkatkan tali silahturahmi. 이와 같은 만남의 행사가 있음으로써 서로 우정이 더욱 돈독해진다.
656	simak	(주의 깊게) 듣다	Ia sedang menyimak lagu-lagu dari radio. 그는 라디오에서 나오는 노래들을 듣고 있는 중이다.
657	sinopsis	개요, 개관 (ringkasan)	Sinopsis film itu sangat bagus. 그 영화 시나리오는 매우 좋았다.
658	sirat	매듭	Sekian lamanya kasus pembunuhan itu akhirnya tersirat juga. 그렇게 오래 끌던 그 살인 사건도 결국 매듭이 지어졌다.
659	sisik	비늘	Ikan goreng itu masih banyak sisiknya karena kurang membersihkan pada waktu mencucinya. 그 구운 생선은 씻을 때 깨끗이 씻지 않아 아직 비늘이 많다.
660	skenario	각본, 시나리오	Skenarionya kita buat ada pengedar narkoba yang sedang bertransaksi lalu ditangkap polisi. 우리가 만든 각본은 마약 거래범들이 결국 경찰에 의해 체포되는 내용이다.
661	sokong	(현금을) 지원하다 (bantuan dana)	Biaya sekolah anak saya disokong dari saudara. 내 아이의 학비는 형제로부터 지원되었다.

번호	단어	의미	예문
662	subuh	새벽기도 시간	Hari ini aku tidak melaksanakan solat subuh karna bangun kesiangan. 오늘 나는 늦잠 자는 바람에 새벽 기도를 하지 못했다.
663	sudut	각도	Letakkan lemari itu di sudut ruangan. 방구석 편에 그 책장을 놓아라.
664	suhu	기온, 온도	Jakarta panas sekali suhunya mencapai 33 derajat celcius. 자카르타는 기온이 33도에 이르러 매우 덥다.
665	sulap	요술, 마술	Kertas itu disulap menjadi uang. 그 종이는 마술로써 돈으로 변했다.
666	sumbat	마개	Saluran air tersumbat. 수로가 막혔다.
667	sungkan	내키지 않는 (enggan, segan)	Ia sungkan menegur orang itu, karena lebih tua dari dia. 그는 나이가 더 많은 그 사람을 경고하는 게 내키지 않았다.
668	sungkawa	슬픈, 애도의	Saya berbelasungkawa atas meninggalnya ayah teman saya pagi ini. 나는 오늘 아침 친구 부친의 부음 소식을 듣고 슬펐다.
669	sunting	청혼하다 (meminang)	Pria itu mau mempersunting kekasihnya sebagai istrinya. 그 남자는 그 연인을 아내로 맞아들이고 싶어 한다.
670	suram	희미한, 약한	Masa depannya kini menjadi suram karena tidak dapat melanjutkan sekolah lagi. 더 이상 학교를 다니지 못한다면 앞으로의 미래는 어둡다.

번호	단어	의미	예문
671	susur	가장자리, 테두리	Dia berjalan meyusuri sungai bersama pacarnya. 그는 애인과 강변을 거닐고 있다.
672	susut (menyusut)	감소하다	Wanita itu setelah diet berat badannya menyusut 5 kg. 그 여자는 다이어트 이후 몸무게가 5킬로그램이나 줄었다.
673	swasemba~ ~da	자급, 자활	Jalan itu diperbaiki dari swasembada masyarakat. 그 길은 마을의 자급에 의해 고쳐졌다.
674	syaitan	악마(setan)	Di rumah kosong itu banyak syaitan kalau malam hari. 그 빈 집은 밤이면 많은 귀신들이 나온다.
675	syarat	조건, 요건	Apa persyaratan untuk bekerja di perusahaan itu? 그 회사에서 근무하려면 조건이 뭐니?
676	tabiat	성격, 기질(watak)	Baru seminggu bekerja disini kelihatan tabiat aslinya. 그는 여기서 일한 지 일주일 밖에 안 되었지만 숙련된 일군 같이 보인다.
677	tahap	단계, 등급	Presiden menyusun rencana pembangunan tahap pertama. 대통령께서는 첫 단계 개발 계획 일정을 짜고 있다.
678	takar(an)	용적단위 (sukatan), 용량	Pemakaian obat harus sesuai takaran. 약 사용은 적정 용량에 일치하여야 한다.
679	takluk	준수하는, 지키는 (tunduk)	Syukurlah suamiku tidak mengalami luka akibat kecelakaan itu. 내 남편이 그 사고에서 다치지 않아 정말 다행이다.

번호	단어	의미	예문
680	tamak	탐욕, 욕심 (loba, serak-ah)	Janganlah kamu tamak terhadap harta. 넌 재산에 욕심을 내지 마라.
681	tamat	졸업한, 끝난 cf. tamatan 졸업생	Filmnya akan tamat 10 menit lagi. 그 영화는 10분 후에 끝날 것이다.
682	tambat	매인, 묶인(terikat)	Hatiku sudah tertambat pada lelaki sederhana itu. 내 마음은 이미 그 검소한 남자에게 사로잡혔다.
683	tampak	~성 싶다, '= rupanya	Tampaknya dia luka parah. 그는 심한 부상을 입은 듯하다.
684	tampung	수집하다, 수용하다	Pelabuhan itu tidak mampu lagi menampung barang-barang. 그 부두는 더 이상 물품들을 수용할 수 없다.
685	tancap	(못 등을) 박다	Pasukan pendaki gunung dari Indonesia akhirnya berhasil menancapkan bendera Merah Putih di puncak gunung Everest. 인도네시아 산악 팀은 마침내 에베레스트 산 정상에 인도네시아 국기를 꽂는데 성공하였다.
686	tandas	탕진한(habis sama sekali)	Akhirnya dia menandaskan hartanya karena dia suka main judi. 그는 도박을 좋아해서 결국 자신의 재산을 탕진했다.
687	tandus	휴경의	Tanah menjadi tandus akibat musim panas. 땅은 여름철 휴경지가 된다.
688	tanggap	이해가 빠른	Pemerintah harus tanggap terhadap keinginan rakyat. 정부는 국민들의 요구를 빨리 알아야 한다.
689	tangguh	연기, 유예, 강함	Indonesia harus memiliki angkatan laut yang tangguh. 인도네시아는 강한 해군을 보유하여야 한다.

번호	단어	의미	예문
690	tanjak	경사진, 비탈진	Gunung ini menanjak sehingga kita sulit mendakinya. 이 산은 비탈져서 우리가 올라가기에 힘들다.
691	tanjung	곶, 반도	Di Korea banyak tanjung. 한국에는 곶이 많다.
692	tata	질서, 제도	Ruangan ini harus ditata sebagus-bagusnya. 이 방은 최대한 잘 정돈되어 있어야 한다.
693	tebak	추측, 짐작(terka)	Apakah kamu bisa menebak isi di dalam box itu? 너 그 박스 안에 뭐가 들어 있는지 짐작이 가?
694	tegak	꼿꼿한, 수직의	Pada saat upacara badan harus berdiri tegak tidak boleh goyang-goyang. 의식 진행 순간에는 몸을 움직이지 못하고 수직으로 서 있어야 한다.
695	teguh	굳건한, 흔들리지 않는	Saya harus teguh untuk mencapai cita-cita saya. 나는 내 이상을 성취하기 위해서 흔들리지 않아야 한다.
696	tekun	부지런한 (rajin)	Ia belajar tekun sekali untuk menghadapi ujian. 그는 시험을 잘 보기 위하여 매우 열심히 공부한다.
697	teladan	모범	Sebagai guru harus memberi teladan ke muridnya. 선생으로서 학생들에게 모범을 보여야 한다.
698	telaga	못, 호수	Para Penduduk di sini mengandalkan air telaga sebagai sumber kehidupan. 이 곳의 모든 주민은 식수로써의 못의 물을 분석 중이다.
699	(ber)telut	무릎을 꿇다 (berlutut)	Dia bertelut di depan saya. 그는 내 앞에서 무릎을 꿇었다.

번호	단어	의미	예문
700	tempel	달라붙다	Dia mau menempelkan gambar itu di dinding. 그는 벽에 그 그림을 붙이고 싶어 한다.
701	tempuh	공격(습격)하다, 우르르 몰려 가다	Hari ini dia akan menempuh ujian akhir. 오늘 그는 마지막 시험을 보러 간다.
702	tendang	(공을) 차다	Ibu itu kena tendang orang yang sedang marah-marah. 그 아주머니는 공에 맞아 화를 내고 있는 중이다.
703	tentram	평화로운, 고요한	Apabila kehidupan ekonomi lebih baik, para pegawai negeri dapat hidup dengan tentram. 경제생활이 더 나아질 때 모든 국가 공무원도 평화롭게 살 수 있다.
704	terjang	차다, 짓밟다	Beberapa orang menerjang seseorang. 여러 사람이 한 사람을 짓밟고 있다.
705	terjemah	번역하다	Dia menerjemahkan bahasa Korea ke Bahasa Indonesia. 그는 한국어를 인도네시아어로 번역하고 있다.
706	terjun	낙하하다, 떨어지다	Air terjun ini sangat tinggi. 이 폭포는 매우 높다.
707	terka	추측하다, 짐작하다	Coba terka siapa yang kasih hadiah ini. 이 선물을 준 사람이 누군지 짐작을 해봐라.
708	terobos	빠져나가다, 돌파하다	Mereka menerobos jendela ini. 그들은 이 창문으로 빠져나갔다.
709	(ter)padu	융합된	Sekolah islam terpadu sudah memiliki fasilitas yang memadai. 이슬람 학교는 충분한 시설을 갖추고 있다.
710	terus-terang	솔직하게, 사실대로	Terus terang dia mengakui kesalahannya. 그는 솔직하게 자신의 잘못을 시인했다.

번호	단어	의미	예문
711	tiang	기둥	Untuk memasang bendera harus menggunakan tiang. 깃발을 설치하기 위하여 받침대를 사용해야 한다.
712	tikam	찌르다(tusuk)	Ia dibunuh dengan cara ditikam dari belakang. 그는 뒤로부터 흉기에 찔려 살해되었다.
713	timbil	눈다래끼	Matanya sakit ada timbilnya. 눈 다래끼가 생겨 아프다.
714	timpang	(다리를) 절다	Timpangan perekonomian Indonesia mengakibatkan banyak pengangguran. 인도네시아 경제가 불안정하면 많은 실업자를 초래할 수 있다.
715	tindak	조치, 실행	Untuk mengantisipasi kemacetan harus cepat bertindak. 막힘을 예방하기 위하여 빨리 조치를 취해야 한다.
716	tongkat	지팡이, 받침목	Agar bisa jalan kakek itu menggunakan tongkat. 그 노인은 걸을 수 있도록 지팡이를 사용하신다.
717	tonjol	돌출, 덩어리	Anak itu kelihatan paling menonjol di kelasnya karena pandai. 그 아이는 똑똑하여 반에서 가장 두드러져 보인다.
718	transitif	타동사의	Awalan me dapat membentuk kata kerja transitif. Me-로 시작하는 단어는 타동사 형태를 띨 수 있다.
719	tuah	초능력을 가진 (sakti)	Ornag itu bertuah karena dia bisa jalan di atas air. 그 사람은 물 위를 걸어갈 수 있는 초능력을 가지고 있다.
720	tualang	모험하다	Dia suka bertualang ke mana mana. 그는 어디든지 모험하기를 좋아한다.

번호	단어	의미	예문
721	tuduh	비난하다, 고소하다	Ia menuduh saya berbuat korupsi padahal tidak ada bukti sama sekali. 그는 내가 부정행위를 했다고 고소했지만 증거가 없다.
722	tuju	향하다	Saya sedang menuju ke sana. 나는 거기로 향하고 있는 중이다.
723	tulus	정직한, 곧은	Cinta saya tulus kepadamu tidak melihat dari harta dan jabatan. 너를 향한 나의 진정한 사랑은 부나 명예보다 더 중요하다.
724	tumbuk	분쇄, 찧기	Setelah ditumbuk kopi itu bisa dibuat minuman. 커피를 다 찧고 난 후 마실 수 있도록 된다.
725	tumor	종양	Di kepalanya ditemukan tumor otak yang cukup parah. 그의 머릿속에서 아주 위험한 뇌종양이 발견되었다.
726	tumpang	함께 가다, 동승하다	Anak sekolah itu mencari tumpangan untuk pulang. 그 학생은 집에 동승시켜줄 탈 것을 찾고 있다.
727	tumpuan	희망, 바람 (harapan)	Pemuda itu menjadi tumpuan hidup keluargnya. 그 청년은 그의 가족 생계를 책임진다.
728	tumpul	무딘, 둔한	Pisau yang tumpul ini tidak dapat digunakan untuk mengupas buah. 이 무딘 칼은 과일을 깎기엔 별 쓸모가 없다.
729	tunangan	피앙세, 약혼자	Hari ini kakak saya bertunangan dengan dia. 오늘 언니는 그와 약혼식을 한다.
730	tunduk(men unduk)	고개 숙여 절하다, 고개 숙이다	Saya menunduk kepalanya kepada guru itu. 나는 그 선생님께 고개 숙여 절했다.

번호	단어	의미	예문
731	tunggak	미납	Tunggakan hutangnya sudah 3 bulan. 외상매입금 미불이 이미 3개월이나 연체되었다.
732	tunggang-langgang	허겁지겁	Perampok itu lari tunggang langgang setelah diketahui oleh warga. 그 강도는 주민에 발각되자 허겁지겁 도망갔다.
733	tunjangan	상여금, 수당	Setiap tahun karyawan mendapat tunjangan hari raya. 매년 모든 직원은 종교상여금을 받는다.
734	tuntas	끝난, 없어진 (habis)	Dia barusan menuntaskan pekerjaannya hari ini. 그는 방금 오늘 일을 끝냈다.
735	tuntun	인도하다, 안내하다(bimbing)	Seorang laki-laki menuntun orang buta. 한 남자가 맹인을 안내하고 있었다.
736	tutur	발음, 표현	Tutur katanya sangat baik. 그의 말 표현법은 아주 좋다.
737	uap	수증기, 증기	Sauna sama sperti mandi uap panas. 사우나는 뜨거운 수증기 목욕과 같다.
738	uban	백발	Kakek rambutnya sudah banyak ubannya. 할아버지 머리는 이미 흰머리로 가득하다.
739	ujar	표현하다, 말하다	Begitu ujar (katanya) anak itu kepada temannya. 그 아이는 친구에게 그렇게 말로 표현하였다.
740	ulama	종교 학자	Ayah saya adalah seorang ulama terkenal di kota ini. 내 부친께서는 이 시내에서 유명한 한 종교학자이시다.
741	ulas	분석하다, 해설하다	Banyak surat kabar mengulas tentang kepemimpinan presiden saat ini. 많은 언론들은 이 순간 대통령의 리더십에 대하여 논평하고 있다.

번호	단어	의미	예문
742	ulung	익숙한, 능숙한	Dia terkenal sebagai penipu ulung, dimana-mana menipu orang. 그는 경험 많은 사기꾼으로 유명하고 어디서든 사기를 친다.
743	umpat	욕설, 비난, 중상	Anak itu diumpat oleh pengendara motor karena menyeberang tidak melihat kanan dan kiri dulu. 그 아이는 좌우를 살피지 않고 길을 건너다 오토바이 운전자로부터 욕을 들었다.
744	unggul	우세하다	Pemain-pemain kita lebih unggul dari pada pemain lawan. 우리 선수들이 상대방 선수들보다 더 우세하다.
745	ungsi	피난하다	Para korban banjir sudah diungsikan ke tempat yang lebih aman. 전체 홍수 이재민들은 더 안전한 곳으로 대피되었다.
746	unik	독특한, 유일한	Sepeda unik itu dibeli dengan harga tinggi. 그 독특한 자전거를 비싼 가격에 샀다.
747	unsur	요소, 성분	Bahasa betawi adalah salah satu unsur dari bahasa Indonesia yang harus kita lestarikan. 바따비아어는 우리가 계속 사용하여야 할 인도네시아어를 구성하는 한 요소이다.
748	upacara	행사, 의식	Upacara memperingati kemerdekaan republik Indonesia akan diadakan tanggal 17 Agustus. 인도네시아 광복절 기념행사는 8월 17일 거행된다.
749	upaya	정책(usaha)	Program keluarga berencana adalah salah satu upaya pemerintah untuk mengurangi jumlah penduduk. 가족계획은 인구의 감소를 위한 정부 정책 중 하나이다.

번호	단어	의미	예문
750	urai	(머리칼을) 풀다 (melepas)	Gadis itu rambutnya terurai kelihatan lebih cantik. 그 소녀는 머리카락을 푸니 더 예뻐 보였다.
751	urat	혈관	Pisau yang menembus lehernya memutuskan urat nadi sehingga ia mati seketika. 목을 찌른 칼이 그의 동맥을 끊어 그는 즉사하였다.
752	uruk	(흙)더미	Para pekerja sedang menguruk jalan itu dengan puing-puing supaya lebih keras. 모든 인부는 더 단단해지도록 폐물들로써 길을 메우고 있다.
753	urung	취소된, 실패한	Coba urungkan niatmu untuk pergi ke Jakarta besok. 내일 자카르타로 가기로 한 네 계획을 취소해라
754	usai	끝나다	Pertunjukan sudah usai sebelum waktunya. 공연은 정시 전에 이미 끝났다.
755	usap	닦다	Ia mengusap wajahnya yang penuh keringat. 그는 땀으로 젖은 얼굴을 닦았다.
756	usik	방해	Jangan mengusik rumah tangga kami lagi. 더는 우리 이웃을 방해하지 마라.
757	usul	제의하다	Para mahasiswa mengusulkan kepada pemerintah agar kenaikan tarif listrik tidak ada. 전체 대학생은 정부가 전기세 인상 조치가 없기를 제의하였다.
758	usung	나르다, 옮기다	Barang itu diusung dari gudang ke halaman depan. 그 물건은 창고에서 앞마당으로 옮겨졌다.
759	utuh	원래대로의, 상태가 좋은	Isi uang masih utuh pada saat dompetnya ditemukan. 지갑을 찾았을 때 속의 돈은 그대로 있었다.

번호	단어	의미	예문
760	veto	거부권	Kita mempunyai hak veto di dalam setiap pembicaraan keluarga. 우리는 가족회의 내에서 거부권들을 가지고 있다.
761	vonis	판결	Ia divonis 6 tahun penjara. 그는 6년 징역형을 판결 받았다.
762	wacana	이야기, 말	Koran kompas membuat wacana lebih beragam. 콤파스 신문은 더욱 다양한 이야기를 만든다.
763	wafat	세상을 떠나다, 죽다	Penyanyi itu telah wafat 2 tahun lalu. 그 가수는 2년 전에 세상을 떠났다.
764	wajar	당연한	Wajar saja kalau saya marah padanya karena dia telah merusak hp saya. 그가 내 핸드폰을 고장 냈기 때문에 내가 그에게 화를 내는 것은 당연하다.
765	warisan	상속재산	Dia banyak warisan dari orang tuanya. 그는 부모로부터 많은 재산을 상속받았다.
766	wasit	중계자	Pada pertandingan sepak bola korea melawan uruguay wasitnya berasal dari negara afrika. 한국과 우루과이의 축구 경기의 주심은 아프리카 국가 출신이다.
767	watak	성격, 기질	Dia wataknya keras. 그의 성격은 거칠다.
768	wawancara	면접, 인터뷰	Besok dia ada wawancara ke perusahaan itu. 내일 그는 그 회사에 면접을 보러 간다.
769	wenang	권한	Security berwenang untuk mengontrol setiap tamu. 경비는 모든 손님을 통제할 권한이 있다.

번호	단어	의미	예문
770	wujud	분명한	Seperti ada yang memangil-manggil saya tapi tidak kelihatan wujudnya. 누가 날 부르는 것 같았지만 분명히 들리지 않았다.
771	zakat	의연금, 보시	Bulan puasa ini umat islam wajib mengeluarkan zakat. 금식월엔 모든 회교신자들이 의연금을 낼 의무가 있다.
772	ziarah	성묘	Minggu depan orang tuaku mau ziarah ke makam kakek di semarang. 다음 주 내 부모님께서는 스마랑에 있는 조부의 요지에 성묘 가신다.
773	zina(h)	간음, 간통	Melakukan zina adalah dosa besar. 간통을 하는 것은 큰 죄이다.

　Toraja 인들의 전통적인 묘지는 절벽에 구멍을 파고 관을 밀어 넣고 그 앞에 발코니를 만들어 죽은 자의 인형을 세워 놓는다.

 # 르바란 직전의 인사말

인도네시아에서는 전체 인구의 85% 이상을 차지하는 회교 신도자의 1개월간의 금식 (puasa)기간(Ramadhan)이 끝난 다음날부터 2일 간 무사히 금식 기간을 잘 수행한 것에 대한 축제를 열고 이 기간(Lebaran) 고향으로 가는 귀성객이 연중 가장 많은 시기라 한국 명절 분위기와 비슷합니다.

인도네시아의 대중교통 및 도로 사정은 아직도 많이 열악하여 고향으로 가는 시간, 돌아오는 시간이 대다수 인도네시아 인들에겐 각각 1박 2일의 장시간이 소요되는 힘든 여정입니다.
그리하여 정부에서 집단 휴가(연중 3일 : 르바란 2일, 크리스마스 이브일 1일)라는 특이한 휴가 제도를 메가와티 정권이 신설, 아직까지 시행되고 있고 그 기간도 모자라 잔여 연차휴가 한도 내에서 업종의 특성에 따라 휴가를 추가하여 통상 일주일 이상의 연중 가장 긴 휴가가 주어지는 기간이자 가장 큰 축제 기간입니다.

금식 기간이 끝나고 연휴에 들어가기 직전 하는 인사말은 대부분 아래의 범위 속에 포함 됩니다.

Selamat Idul Fitri
Mohon maaf lahir dan batin.
Semoga perjalanan anda menyenangkan dan selamat sampai tujuan.

이둘 피트리를 맞이한 것을 축하합니다.
지금까지 나의 모든 잘못(알게 모르게 행했던 모든 잘못된 언행들)을 용서 바랍니다.
즐거운 귀성길이 되고 목적지까지 잘 도착하길 바랍니다.

3줄 다 말하기에는 너무 길기 때문에 실지로는 3줄 중 한 줄만 사용(모두 가능)해도 무방합니다.
가장 상용되고 적절한 문장은 둘째 줄 문장입니다. 금식 기간과 르바란의 취지에 가장 어울리는 인사말이기 때문입니다.
핸드폰 문자로 보낼 시는 3줄 다 쓰면 더욱 정성스럽게 보일 것 같습니다
'- 제가 인도네시아 관련 모 카페에 올린 글을 인용해온 것입니다.

Ⅲ. 접사(kata berimbuhan)의 다양한 형태와 기능

1. 접두어(PREFIKS)

1) ber-로 시작되는 접두어

가. 예외 변형 : belajar, bekerja, beternak

나. 의미상 분류(ber + 어근)

    a. 착용 : berdasi 넥타이를 매다, bersepatu 신을 신다

    b. 탈 것 : bersepeda 자전거를 타다, berkuda 말을 타다

    c. 획득 : berkarya 창작하다, bertelur 알을 낳다

    d. 내용물 : berair 수분이 있는

    e. 소유 : beradik 동생이 있다, berkakak 형이 있다

    f. 감정, 경험 : bergembira 기쁘다, berduka cita 슬프다

    g. 집합 : berdua 둘이서, berlima 다섯이서

2) me-로 시작되는 접두어

가. 동사는 뒤의 어근 첫 글자에 따라 mem, men, meng, meny 이렇게 4가지 형태로 변이되는 부분은 생략하겠습니다.

나. 어근(동사, 형용사, 명사)의 접두사로서 어근을 동사 화 함.

다. 예) merasa 느끼다, me+arti -> mengerti(이해하다)

3) pe-로 시작되는 접두어

가. 의인화 용법 : pekerja, pembantu, penjaga

나. 보통명사화 : penghapus 지우개, penggaris 자

4) ter-로 시작되는 접두어

가. 이미 벌어진 상황 : terlambat 이미 늦은. 지각한, terlewat 이미 지나친, termasuk 이미 포함된, telanjur 이미 저질러진

나. 최상급 용법 : tertinggi 가장 높은, terbesar 가장 큰

다. 돌발적 상황 : tertutup/buka 갑자기 닫혔다/열렸다

라. 무 용법 : tertawa 웃다 = ketawa

5) di-로 시작되는 접두어

가. 수동태 용법 한 가지 : Mr.Kim panggil Deni -〉 Deni dipanggil Mr. Kim
데니, 미스터 김이 불러 : 주어와 목적어가 바뀌면서 동사 어근에 수동태를 의미
하는 di 만 붙여주면 됩니다.

※ di가 한 단어로만 쓰이면 어디에(서)라는 위치를 나타내는 전치사.

6) se-로 시작되는 접두어

가. 하나, 즉 satu의 의미 : sehari, seminggu, seorang

나. 동격(같다, 만큼의 뜻) 용법 : Saya setinggi dia 난 그와 키가 같아

다. 범위(~하기로는, ~하는 바로는) : Setahu saya dia masih bujangan 내가
알기로는 그녀는 아직 미혼이야 Seingat saya ~ 내가 기억하는 바로는 ~

7) memper -로 시작되는 접두어(문어체에서 주로 사용, 회화체에서는 종종 mem을 생략한 per만 쓰임)

가. memper의 용법은 대개 "더욱 ~하게 한다"라는 의미로 어떠한 상태를 더 좋게
또는 더 나쁘게 하는 의미를 나타낼 때 많이 쓰입니다.
memper-어근 : memperkecil/~besar 축소하다/확장하다
(mem)perpanjang : 연장하다(계약직원들의 연장 시 많이 쓰임)

2. 접미어(SUFIKS)

1) 어근-kan
'- 명령형 동사 화

가. 행동(실행)화 용법 : 동사어근-kan
예) ambilkan barang itu 그 물건을 가져라
pinjamkan uang 돈을 빌려라

나. 형용사의 동사 화 : 형용사어근-kan (~되게 하다)

예) damaikan 평화롭게 하다

다. 명사의 동사 화 : 명사어근-kan (~하게 하다)

예) gudangkan 입고시키다.

2) 어근-i

가. 동사(형용사)어근-i

a. 명령형 용법 : duduki 앉혀라, terangi 밝혀라, turuti perintahnya 그의 명령을 따르라

b. 완성 용법 : sakiti hati 마음의 상처를 주다,

나. 명사어근-i

a. 첨가(추가) 용법 : gulai 설탕을 더 넣어라

b. 제거 용법 : kuliti 껍질을 벗겨라. bului 털을 뽑아라.

c. 완성 용법 : ketuai 팀장으로 임명하다, menghargai 진가를 인정하다

다. 형용사(동사)화 용법 :

yakini = membuat yakin, awali = membuat awal

3) 어근-an

가. 보통 명사화

a. 동사어근-an

laporan 보고, minuman 음료, karangan 작문. 작품

b. 형용사나 수사의 어근-an

asinan 절인 것, ribuan 천 단위. 천원 권

나. 집합, 다수 화 명사 : 명사어근-an

tahunan 연간. 연례, sayuran 채소류, buah-buahan 과일류

다. 행위의 결과 화 명사

a. 명사어근-an

hukuman 형벌, kuningan 황동

b. 동사어근-an

balasan 대답(반응), angkatan 군인

라. 도구화 명사

a. 예) ayunan 그네, timbangan 저울

마. 장소 화 용법
   a. 예) kubangan 진창
바. 방법 화 명사
   a. 예) pimpinan 지도, didikan 교육

3. 접두어-어근-접미어

1) ber-어근-kan

가. 주로 어근이 명사일 때 자동사 형태로 됨.
   bersenjatakan 무장하다, berdasarkan 토대로 하다

2) ber-어근-an

가. 자동사화 용법 : 주로 어근이 동사일 때 자동사 형태로 됨.
   berlarian 허겁지겁 달리다
   beterbangan 이리저리 날아다니다 (r 생략 주의)
나. 형용사화 용법 : 주로 어근이 동사 또는 명사일 때
   berpotongan 모습을 갖춘, berseberangan 서로 마주하고 있는

3) me-어근-kan

가. 형용사어근의 타동사화
   membingungkan 당황하게 하다
   menyeramkan 곤두세우다. 소름끼치게 하다
나. 명사어근의 타동사화
   menyeragamkan 같은 형태로 만들다
다. 동사어근의 타동사화 : "~를 위하여 ~ 하다"의 의미.
   membelikan ~에게 ~을 사 주다
   membukakan ~을 위하여 ~을 열다

4) me-어근-i

가. 형용사어근의 타동사화 : 주로 "~ 되게 하다"의 의미
   menerangi 밝혀주다, 밝게 하다

나. 명사어근의 타동사화 : 주로 "첨가"의 의미

   menggulai 설탕을 더 넣다, menggarami 소금을 더 넣다

   앞에서 접미사용법의 i 용법과 같음.

다. 동사어근의 타동사화 : 연속되는 행위

   menembaki (여러 차례 발사하다), memukuli (수차례 때리다)

5) di-어근-kan : 단, 주어와 목적어의 위치가 뒤바뀜.

   가. '- me-어근-kan '의 수동태화

   나. 예) dijualkan(팔리다), dibukakan(벗겨지다)

6) di-어근-i

   가. '- me-어근-i의 수동태화

   나. 예) diterangi (밝게 되다), dipukuli(계속 맞다)

7) ter-어근-kan

   가. '- 주로 시점이 불분명한 결과에 사용

   나. 예) terslesaikan (이미 끝난), tertanamkan (이미 재배된)

8) ter-어근-i

   가. '- 주로 시점이 분명한 결과에 사용

   나. 예) terseberangi (이미 건네진), terlempari (이미 던져진)

9) per-어근-kan

   가. 목적격 동사 : perkenalkan(소개하다, kenal : 알다)

   나. 동사어근의 의미 변화 : pertunjukkan (상연하다. 보여주다)

10) per-어근-i

   가. 형용사의 동사 화 : perbaiki 고치다

   나. 강요 용법(~하게 하다) : persetujui 동의하게 하다

11) per-어근-an

　가. ‘- 3 가지 형태 변이 : per -an, pe -an, pel -an
　나. 동사어근의 명사화 : ledak 폭발하다 -〉 peledakan 폭발, perdagangan 무역, pelajaran 학습
　다. 명사어근의 의미변화 : perekonomian 경제문제, perhotelan 호텔경영
　라. 동사어근의 위치명사화 : peristirahatan 휴게소. 휴양지, persembunyian 은신처

12) pe-어근-an

　가. ‘- 6 가지 형태 변이 : pe-an, pem-an, pen-an, peng-an, peny-an, penge-an
　나. 어근의 행위(명사화) : pemasaran 장보기, pembinaan 쇄신
　다. 진행 중인 상황 : penulisan 집필, pembayaran 지불
　라. 위치 : pemakaman 묘지, pelelangan 경매장
　마. 기구 : penggorengan 프라이팬, penglihatan = mata 눈

13) ke-어근-an

　가. 동사, 형용사어근의 추상명사화 :　keberanian 용기, kenaikan 증가. 진급, keterlambatan 지연. 연기. 유예
　나. 직위의 관공서(지역)화 : kedutaan 대사관, kelurahan 마을
　다. 수동형 용법 : kelihatan 보이다, kedengaran 들리다, kehujanan 비를 맞다

　라. 초과 용법 : kebanyakan 너무 많은, kebesaran 너무 큰, keasinan 너무 짠
　마. 기타(업종 등) : kehutanan 임업

14) memper-어근-kan

　가. ‘- Memper의 용법은 대개 “더욱 ~하게 한다”라는 의미로 어떠한 상태를 더 좋게 또는 더 나쁘게 하는 의미를 나타낼 때 많이 쓰여집니다.
　나. mempertimbangkan 고려하다, 심사숙고하다
　　Saya akan mempertimbangkan dulu keputusan yang telah dibuat.
　　나는 이미 결정된 것을 심사숙고할 것이다.

다. memperbesarkan 확장시키다

　　Jangan memperbesarkan masalah yang telah selesai.

　　이미 종결된 문제를 키우지 마라

15) memper-어근-i

　가. 14)항의 용법에서 보다 덜 구체적인 타동사.

　나. 예) Kamu harus segera memperbaiki meja itu.

　　　너는 그 책상을 즉시 고쳐야 해.

16) diper-어근-kan

　가. 'memper-어근-kan' 의 수동태화

　나. 예) Masalah itu jangan diperbesarkan lagi.

　　　그 문제는 더 이상 키우지 마라

17) diper-어근-i

　가. 'memper-어근-i' 의 수동태화

　나. 예) Meja itu harus segera diperbaiki.

　　　그 책상은 즉시 고쳐져야 한다.

인도네시아 자와 섬 중부의 도시 족자에서 차량으로 약 2 시간 거리의 위치에 있는 보로부두르 사원은 유네스코 지정 세계문화유산에 등재된 인도네시아의 불교유적이다. 504기의 불상을 모시고 있는 보로부두르 사원의 하단에 석가모니의 탄생, 출가, 득도에 이르는 과정을 섬세하게 묘사되어 있다.

높이가 265m나 되는 이사원은 총 10층으로 이뤄져 있고 8세기 중반에 시작하여 9세기 초에 완성된 것으로 추정된다. 하지만 오랫동안 지하에 묻혀 있다 세계에 모습을 나타낸 것은 1814년 이후이다.

 반둥 시 주변 유명지

1) 화산(Tangkuban Perahu 화산) : 반둥 시에서 찌아떠르 온천 방향으로 29km, 정상 분화구 구경 후 내려오시는 길에 좌측 오솔길로 약 30분 걸어가시면 계란 삶는 끓는 온천수와 가게가 있습니다.

2) 아울렛 매장 : 반둥 지역은 반둥 시로 조금 들어가 좌측 온천 방향으로 조금 가시다 보면 아울렛 매장들이 상당히 많은데 대부분이 공장 직영 매장이라 크고 가격도 쌉니다.

3) 온천지역

  가. 찌아떠르 SPA : 온천수가 가장 따뜻하고 규모가 가장 큰 반면 숙소가 오래 되어 낡은 게 단점.

  나. 그라시아 SPA : 온천수가 찌아떠르에 비하여 덜 따뜻하고(미지근?) 규모가 크지는 않지만 숙소 안에도 야외 온천 시설이 되어 있고 바깥 온천 역시 아늑한 분위기를 좋아 하시는 분들께는 권장하고 싶습니다.

4) 기타 지역

  가. 렘방 : 채소류, 과일류, 분재, 꽃 등의 재배지로 유명한 곳.
    렘방의 과일 중 특히 딸기가 유명한데 한국 딸기처럼 맛과 모양새가 비슷하고 밭에 가게도 딸려 있어 딸기, 쩸 등을 재배지에서 직구입 할수 있습니다.

  나. 기리가하나 골프장
    반둥 시를 빠져 나와 가룻 방향으로 약 30분 정도의 거리에 소재하고 있는 골프장으로서 반둥 지역 약 3군데 골프장 중 가장 유명.

  다. 반둥 공과대학교
    반둥 시가 자랑하는 인도네시아 최고의 공과 대학교이자 많은 학생들이 입학하고 싶어 하는 명문대학교.

관용어	ARTI 의미
anak angkat	anak orang lain yang diambil disahkan sebagai anak sendiri 양자
anak asuh	seorang anak yang tinggal bersama orang tuanya, tetapi biaya hidup dia (untuk makan, by sekolah, dll) dibiayai oleh orang lain. 생활비를 보조 받는 아이
anak bawang	peserta lomba yang hanya ikut-ikutan 대수롭지 않은 사람
anak buah	bawahan atau anggota dari seorang pemimpin 조직 내 부하
anak kunci	bagian kunci yang digunakan untuk mengunci atau membuka. -〉 suatu bagian dari sebuah kunci, yg bisa digunakan untuk mengunci atau membuka pintu. 열쇠의 앞 여는 부분
angkat bahu	menyatakan tidak tahu 모른다는 표현을 하다
bahu-membahu	bergotong-royong 서로 돕다
berat hati	segan berbuat, tidak tega 하기가 내키지 않는
besar hati	lega, penuh maaf 관대한

관용어	ARTI 의미
besar kalang	penakut 겁쟁이
besar kepala	sombong 거만한
besar mulut	banyak bicara, apa yang dia bicara selalu dilebih-lebih kan. 말이 많은, 허풍이 심한
biang keladi	orang yang menjadi pemimpin dalam perbuatan jahat. 나쁜 행위의 주모자
biang keringat	bintik-bintik merah pada kulit 땀띠
biang kerok	orang yang menjadi penyebab kericuhan. -〉 orang yg menjadi sebab terjadinya keributan. 소란 주모자
buah bibir	yang menjadi bahan pembicaraan 화제
buah hati	kekasih tercinta 애인
buah pikiran	pendapat 견해
buah tangan	oleh-oleh 선물
bunga desa	gadis cantik yang disenangi pemuda di desanya. 마을의 미인(가인)
bunga hati	kekasih 연인
bunga kehidupan	kesenangan hidup -〉 hidup senang2 tanpa memikirkan masa depan. 인생을 즐김

관용어	ARTI 의미
dada lapang	sabar, tidak mudah marah 참는
berdarah biru	keturunan bangsawan -〉 ningrat, keturunan penguasa daerah 귀족
berdarah dingin	tidak berperasaan, kejam 냉정한
berdarah panas	pemarah 성급한 사람
harga bersaing	harga bisa dijamin tidak lebih mahal dari yang lain. 다른 곳보다 가격이 더 싼
harga diri	kehormatan diri 자존심
harga mati	harga yang tidak bisa ditawar-tawar lagi 정가
hati batu	tidak berperasaan, tidak belas kasihan 무감정의
hati busuk	pendendam, suka memfitnah 질투심 강한 자
hati emas	orang yang baik dan bijaksana 심지가 바른 사람
hati keras	berpendirian teguh 의지가 굳은
hidung belang	laki-laki yang gemar mempermainkan perempuan 호색한
hilang akal	tidak dapat berpikir lagi, bingung 헷갈려 하는
hilang ingatan	gila 미친

관용어	ARTI 의미
induk semang	ibu kos/orang yang punya rumah kos atau rumah kontrakan 숙박업소 여주인
jantungan	kagetan, gampang kaget 잘 놀라는
jantung hati	anak kesayangan 자식 사랑
jantung kota	pusat kota 시내 중심부
kaki gunung	bagian bawah dari gunung 산 아래
kaki langit	garis horizontal di permukaan bumi yang seolah berbatasan dengan langit 지평선
kaki tangan	orang yang diperalat untuk membantu seseorang 조수
kecil hati	hilang semangat, hilang keberanian 의욕(용기) 상실
kecil-kecil cabe rawit	orangnya kecil tapi sangat pemberani. 작지만 용감한 사람
kepala batu	tidak mau dinasehati 조언을 듣기 싫어하는
kepala keluarga	orang yang bertanggung jawab dalam keluarga (집안) 가장
kepala udang	bodoh, tolol 어리석은
keras kepala	'=kepala batu 조언을 듣기 싫어하는

관용어	ARTI 의미
kulit badak	tidak tahu malu 부끄러운 줄 모르는
bertekuk lutut	menyerah 항복하다
lapang dada	sabar 참다
mata gelap	tak perpikir jernih 순수하지 못한
mata hati	bagian hati/batin yang paling dalam 직관, 마음의 눈
mata keranjang	orang yang gemar memerhatikan lawan jenis 음탕한, 호색의
mata-mata	orang yang ditugasi untuk menyelidiki secara diam-diam 간첩, 스파이
mata sapi	telur yang digoreng tanpa memecahkan bagian kuningnya 계란 프라이
semata wayang	hanya satu-satunya 유일한
mulut berbisa	바른 말 하기를 좋아하는
mulut besar	suka membual 허풍을 떠는
mulut kotor	suka berkata-kata yang tidak sopan 말버릇이 없는
mulut manis	lemah lembut dan tutur katanya sangat menarik hati 감언이설
naik banding	minta pertimbangan hukum kepada yang lebih tinggi tingkatannya 상소

관용어	ARTI 의미
naik daun	orang yang mulai terkenal. 알려지기 시작한 사람
naik darah	menjadi marah 화가 난, 화가 치밀어 오르는
panjang akal	pandai mencari akal/cara 영리한, 지혜로운
perut bumi	bagian yang ada di dalam bumi, yang jaraknya puluhan km diukur dari permukaan tanah. 땅 표면에서 수 킬로 거리의 지하.
rendah diri	minder, tidak punya kepercayaan diri 자신감이 없는
rendah hati	tidak sombong, baik 예의 바른, 겸손한
ringan tangan	orang yang mudah sekali memukul atau menampar orang. 폭력을 일삼는 사람
tangan besi	bertindak dengan keras dan kejam. 엄하고 혹독한
tangan dingin	sifat orang yang mampu membuat/menghasikan sesuatu 숙련된
tangan hampa	tidak mendapat apa-apa 성과 없는
tangan terbuka	disambut dengan suka 관대한
di bawah tangan	sesuatu yang dilakukan secara tidak resmi dengan surat-menyrat 비공식적인, 법적 효력이 없는
sudah di tangan	sudah ada dalam genggaman, sudah ada dalam kekuasaan. 권한이 이미 주어진(위임된)

관용어	ARTI 의미
telinga merah	marah, kesal 화난
tinggi hati	sombong, angkuh 거만한
meninggi diri	sombong 거만한
turun main	ikut bermain dalam pertandingan 경기에 참여하다.
turun minum	beristirahat 휴식을 취하다.
turun tangan	ikut bertindak menyelesaikan masalah 문제를 종결시킬 조치를 따르다

MONAS 광장

자카르타 전경

단어	의미	예문
ada kala	가끔 kadang-kadang	Ada kalanya kita merasa bosan dalam bekerja. 우리는 가끔 일에 싫증을 느낀다.
adat istiadat	문화 kebud-ayaan	Kita harus selalu jaga adat istiadat negara kita. 우리는 항상 우리나라의 문화를 지켜가야 한다.
adil makmur	번영 sejahtera	Pemerintah harus berusaha membuat negara ini menjadi adil makmur. 정부는 우리나라의 번영을 위하여 노력하여야 한다.
ahli waris	상속인	Sebagai ahli waris dari Mr. Michael anaknya harus bisa menjaga mengatur perusahaan ini dengan baik. 마이클 씨로부터 상속을 받은 아들은 회사를 잘 이끌어 가야한다.
akal budi	천성, 성격	Setiap orang diberikan akal budi sejak lahir. 모든 사람은 천성을 타고 난다.
akal kancil	교활한 licik	Orang itu yang berakal kancil. 그 사람은 교활하다.
akil baliq	성인 dewasa	Dalam agama Islam anak laki-laki yang sudah akil balig harus di sunat. 이슬람교에서 남자 아이들은 성인이 되기 위하여 반드시 할례를 해야 한다.
alim ulama	종교학자 ahli(guru) agama	Seluruh alim ulama berkumpul hari ini di Jakarta untuk rapat bersama. 모든 종교학자들이 회의를 위하여 오늘 자카르타에 모였다.

단어	의미	예문
babi hutan	더러운, 어지르진	Kasihan sekali orang itu hidupnya seperti babi hutan saja. 저 사람의 생활은 너무 더러워 애처롭다.
bala bantuan	구조대	Bala bantuan akan segera datang untuk membantu korban bencana alam. 구조대가 이재민들을 구하기 위하여 곧 도착할 것이다.
bala tentara	병력 (sekelo-mpok tent-ara)	Israel akan tambah bala tentaranya untuk menjaga jalur Gaza. 이스라엘은 가자 길목을 지키기 위하여 병력을 증강시킬 예정이다.
banting tulang	열심히 일하는	Ayah saya banting tulang setiap hari untuk memberi makanan dan membayar biaya sekolah saya dan adik-adik saya. 아버지께서는 나와 동생들의 생계와 학비를 위하여 열심히 일하신다.
basah kuyup	흠뻑 젖은 basah selur-uh tubuh	Gara-gara kehujanan sekarang badanku basah kuyup. 비를 맞아 내 몸이 흠뻑 젖었다.
batang leher	지주목, 받침대 tiang pen-yangga	Karena batang leher pada gedung itu rubuh/roboh, maka gedung itu tidak bisa digunakan lagi. 그 건물은 지주목이 무너져 더 이상 사용이 불가하다.
batang tubuh	주요 부분 bagian yangpenting	Batang tubuh pada buku cerita itu hanya 3 halaman saja. 그 소설의 주요 부분은 3페이지에 불과하다.
bawah tangan	비공식적인 tidak resmi	Jaman sekarang banyak artis-artis yang menikah di bawah tangan. 요즘 많은 연예인은 비공식적인 결혼을 많이 한다.

단어	의미	예문
biang keladi	문제 원인	Biang keladi dari semua kejadian itu ternyata adiknya sendiri. 그렇게 된 모든 원인이 그의 동생 혼자란 것이 밝혀졌다.
biji mata	눈알(bola ma-ta)	Kemarin paman saya merasa sakit pada biji mata nya. 어저께 내 삼촌은 눈알에 통증을 느꼈다.
bisu tuli	농아	Seperti orang yang bisu tuli, sama sekali dia tidak peduli pada masalah ini. 농아처럼 그는 이 문제에 전혀 집중하지 않는다.
buah bibir	얘깃거리	Orang itu menjadi buah bibir di kampungnya. 그 사람은 시골에서 얘깃거리가 되었다.
buah tangan	선물 oleh-oleh	Teman saya membawa buah tangan dari korea. 내 친구는 한국에서 선물을 가져왔다.
budi pekerti	예절 sopan santun	Di sekolah kita mendapat pelajaran budi pekerti. 학교에서 우리는 예절 교육을 받았다.
buka kartu	알려주다	Masing-masing pasangan itu saling buka kartu tentang kehidupannya. 그 각각의 짝들은 서로 인생에 대하여 얘기를 주고받았다.
bukan kepalang	굉장한, 둘도 없는	Wanita itu cantiknya bukan kepalang. 그 여자는 굉장히 미인이다.
cacat cela	부족함 kekurangan	Semua cacat cela pasangan kita semoga kita bisa menerima. 우리 모두가 상대방의 모든 부족함을 받아들일 수 있기를 바란다.
caci maki	비난하다 menghina	Dia caci maki karyawannya di depan semua orang. 그는 모든 사람 앞에서 그 직원을 나무랐다.

단어	의미	예문
cagar alam	보호림 hutan lingung	Sepatutnya(seharusnya) kita selalu menjaga cagar alam untuk kehidupan anak-anak kita selanjutnya. 원칙적으로 우리는 우리들의 후세들을 위하여 보호림들을 항상 보존하여야 한다.
cakar ayam	졸필 tulisan jelek	Tulisannya mirip cakar ayam. 그의 글씨는 졸필이다.
campur baur	모이다 berkumpul	Anak-anak itu sangat senang campur baur dengan anak-anak dari sekolah lain. 그아이들은 다른학교 아이들과 어울리는 것을 매우 좋아한다.
campur tangan	간섭하다 ikut campur	Jangan selalu campur tangan dalam masalah orang lain. 다른 사람 문제에 항상 관여하지 마라
cantik jelita	매우 예쁜	Wajahnya cantik jelita. 그녀의 얼굴은 매우 예쁘다.
cantik molek	매우 예쁜	Tidak hanya wajahnya yang cantik molek tapi hatinya juga baik. 얼굴만 예쁜 게 아니라 마음씨도 곱다.
carut marut	복잡한, 뒤엉킨	Masalah ini menjadi carut marut, tidak ada jalan keluarnya. 이 문제는 복잡하여 해결책이 없다.
cerai berai	헤어지다 berpisah	Mereka sudah cerai berai selama 10 tahun. 그들은 십년 동안 헤어져 있었다
cerdik pandai	똑똑한 pintar	Orang orang yang menjadi cerdik pandai itu karena usahanya belajar terus menerus. 똑똑한 사람들은 지속적으로 공부를 해 왔기 때문이다.
cikal bakal	창설자, 설립자	Dia yang menjadi cikal bakal perusahaan ini. 그는 이 회사의 설립자가 되었다.

단어	의미	예문
cita rasa	야망 selera	Dia mempunyai cita rasa yang tinggi. 그는 큰 야망을 가지고 있다.
colok mata	비밀을 누설하다	Orang itu mencolok matanya sendiri di depan teman-temannya. 그 사람은 자기 친구들 앞에서 스스로 의 비밀을 털어 놓았다.
cocok tanam	농사하다 bertani	Ayah saya mau cocok tanam di kampung. 내 부친께서는 시골에서 농사를 하신다.
daki dunia	공해 polusi	Kendaraan bermotor adalah penyebab daki dunia paling besar. 차량의 매연은 공해의 가장 큰 주원인이다.
darah dingin	냉혈한, 냉정한 kejam	Pembunuh berdarah dingin itu sudah di tangkap oleh polisi. 그 잔인한 살인자는 경찰에게 잡혔다.
darah panas	화를 잘 내는, 다혈질의 mu-dah marah	Jika ada sesuatu kesalahan dia menjadi darah panas. 어떤 잘못이 있으면 그는 금방 화를 낸다.
daya cipta	창의력	Sutradara (film director)itu mempunyai daya cipta yang tinggi. 그 영화 제작자는 뛰어난 창의력을 가지고 있다.
daya guna	효용 manfaat	Kita harus pintar membuat barang-barang yang bisa berdaya guna. 우리는 보다 효율적인 물건들을 만들도록 실력을 향상시켜야 한다.
daya upaya	사업, 일 usaha	Semua daya upaya yang sudah kita lakukan mudah-mudahan mendapat hasil yang terbaik. 우리가 진행한 모든 일들이 최선의 성과를 거두기를 바란다.

단어	'의미	예문
dendam kesumat	복수	Janganlah mempunyai dendam kesum-at karena itu adalah perbuatan yangti dak baik. 복수심을 가지지 마라 그것은 나쁜 행위이다.
dendang riang	노래하다 bernyanyi	Acara itu ditutup dengan melakukan dendang riang bersama. 그 행사는 참석자 모두의 합창을 마지막으로 끝이 났다.
dini hari	한 밤중 tengah /larut ma-lam	Pembunuh itu melakukan perbuatan pada dini hari. 그 살인자는 한 밤중에 그 일을 저질렀다.
duka cita	비보	Berita duka cita dia dengar dari temannya. 그는 친구로부터 그 비보를 들었다.
dunia fana	세상살이	Kita harus selalu berbuat baik di dunia fana ini. 우리는 항상 이 세상살이를 현명히 헤쳐 나가야 한다.
ekstra kurikuler	특별 학습	Untuk ekstra kurikuler di sekolah saya ikut latihan menari. 학교에서 나는 특별 활동으로 춤을 배운다.
eyang kakung	할아버지 kakek	Besok saya mau pulang kampung mau bertemu eyang kakung. 내일 난 할아버지를 뵈러 시골에 간다.
fajar menying -sing	이른 아침, 새벽 pagi-pagi sekali	Saya tidak bisa tidur dari tadi malam sampai fajar menyingsing. 나는 어젯밤부터 새벽까지 잠을 이룰 수 없었다.
fakir miskin	굉장히 가난한 자	Kita harus selalu berbuat baik pada fakir miskin. 우리는 항상 가난한 자들을 돕도록 해야 한다.
gagah perkasa	용감한 사람	Pacarku seorang yang gagah perkasa 내 애인은 용감하다.
gejala alam	자연 변화 tanda alam	Setiap gejala alam harus kita waspadai. 우리는 매 번 자연의 변화 추이를 예의주시 해야 한다.

단어	의미	예문
geladak kapal	갑판 bagian luar kapal	Geladak kapal itu penuh dengan air laut akibat kapal bocor. 그 배의 갑판에 물이 새어 들어와 물로 가득 찼다.
gelak tawa	웃음소리	Gelak tawa si adik sampai terdengar kesini. 동생의 웃음소리가 여기까지 들린다.
gembong pen -jahat	불량배 두목	Akhirnya gembong penjahat itu ditangkap polisi. 결국 그 불량배 두목은 경찰에 체포되었다.
gita malam	곤충소리	Setiap malam saya selalu mendengar gita malam dari luar rumah. 매일 밤 나는 집 밖에서 들려오는 곤충소리를 듣는다.
gundah gulana	불안한 risau, gelisah	Perasaannya gundah gulana menunggu suami pulang. 그녀는 초조한 느낌으로 남편의 귀가를 기다리고 있다.
hamba sahaya	노예 budak	Kasihan sekali para hamba sahaya itu tidak pernah diberi makan yang baik. 모든 노예들은 좋은 음식을 받아본 적이 없어 불쌍하다.
hancur lebur	파괴되다	Kota itu telah hancur lebur di bom oleh tentara dari luar. 그 도시는 외부 병력에 의한 폭격으로 파괴되었다.
hancur luluh	부서진 hancur	Setelah kebakaran itu semua bangunan yang ada hancur luluh. 그 화재로 모든 건물이 파괴되었다.
handai taulan	가족, 친지	Pernikahan itu hanya disaksikan oleh handai Taulan saja. 그 결혼은 오로지 가족, 친지들만이 참석하였다.
hantam kromo	전통을 어기다	Ibu saya selalu berpesan untuk selalu menjaga hantam kromo. 내 모친께서는 항상 전통을 어기고 주문을 하신다.

단어	의미	예문
hasil bumi	천연자원	Sesungguhnya Indonesia kaya akan hasil buminya. 진정으로 인도네시아는 천연자원이 풍부하다.
hasta karya	학습 성과 hasil karya	Para siswa di sekolah harus membawa hasta karya nya masing-masing minggu depan. 학교의 모든 학생들은 각자 다음 주에 학습 결과를 가져와야 한다.
hemat cermat	절약하는 ringkas	Hidup di jaman sekarang harus selalu hemat cermat. 현대 생활은 항상 절약하여야 한다.
hijau pupus	색이 바랜	Sekarang warna baju ini menjadi hijau pupus akibat terlalu lama dijemur. 이 옷은 지금 햇볕에 너무 오래 말려 색이 바랬다.
hilir mudik	여기저기 mon -dar mandir	Di kereta api banyak pedagang yang hilir mudik. 기차에는 여기저기 다니는 행상들이 많이 있었다.
hina dina	비천한, 몹시 초라한	Dia merasa hidupnya hina dina di dunia ini. 그는 세상살이가 몹시 힘들다고 느꼈다.
hitam kelam	어두운	Dulu hidupnya hitam kelam sampai akhirnya ada orang yang mau membantu dirinya. 그의 인생을 도와준 사람을 만나기까지 그의 인생은 어두웠다.
hulu balang	조언자 penasihat	Hulu balang raja itu telah meninggal dunia. 왕의 조언자는 이미 세상을 떠났다.
huru hara	소란, 무질서 kerusuhan	Huru hara itu tidak pernah saya lupakan seumur hidup. 그 무질서는 내가 살아 있는 지금껏 잊어 본 적이 없다.
hulu sungai	강 상류	Saya menemukan baju di hulu sungai. 나는 내 옷을 강 상류에서 찾았다.
hutan belantara	원시림	Banyak binatang buas yang hidup di hutan belantara. 많은 맹수들이 깊은 원시림에 살고 있다.

단어	의미	예문
hutan rimba	정글, 밀림 hutan liar	Selama bertahun-tahun Tarzan hidup di hutan rimba. 오랜 햇수 동안 타잔은 밀림에 살았다.
ibu angkat	유모	Di Jakarta saya tinggal dengan ibu angkat saya. 나는 자카르타에서 유모와 살고 있다.
ibu pertiwi	국가 negeri	Mari kita cintai ibu pertiwi kita ini. 우리 모두 국가를 사랑합시다.
idola remaja	청소년 스타	Breatney Spears adalah idola remaja Amerika pada saat itu. 그 당시 브리트니 스피어스는 미국의 아이돌이었다.
ijab kabul	인수인계 serah terima	Setelah acara ijab kabul akan dilanjutkan dengan acara makan bersama. 인수 인계식이 끝난 후 만찬 행사가 이어질 것이다.
iktikad baik	의향, 목적 niat, maksud	Bapak itu mempunyai itikad baik untuk membayar hutang. 그 아저씨는 빚을 갚을 의향이 있다.
ilmu bumi	지리학	Di sekolah kita pasti diajarkan ilmu bumi. 우리 학교에서는 지리학을 가르쳐 준다.
inang pengas -uh	유모	Dari kecil sampai sekarang inang pengasuh itu sangat sayang padaku. 어릴 적부터 지금까지 유모는 나를 매우 사랑하였다.
indah nian	매우 아름다운	Pemandangan si kota ini sangat indah nian. 이 도시의 경치는 매우 아름답다.
indah permai	아름다운	Ingin sekali pulang ke desaku yang indah permai. 아주 아름다운 내 마을로 돌아가고 싶다.
induk semang	부모, 어미 orang tua	Akhirnya harimau itu bisa bertemu kembali dengan induk semangnya. 결국 그 호랑이는 어미 호랑이와 다시 만날 수 있었다.

단어	의미	예문
ingar bingar	소란한 berisik	Dia tidak kuat dengan ingar bingar ibu kota. 그는 자카르타의 소음을 견디지 못한다.
jabat tangan	악수하다	Kedua orang itu saling berjabat tangan. 그 두 사람은 서로 악수를 하였다.
jajak pendap -at	개표 mengam -bil suara	Nanti malam akan disiarkan acara jejak pendapat di televisi. 오늘 밤에 TV에서 집계 상황을 생중계할 것이다.
jamu gendong	전통약재 obat tradisional	Setiap sore saya selalu minum jamu gendong. 매 오후마다 나는 항상 전통 약재를 마신다.
jantung hati	애인, 연인 kekasih	Sekarang hati saya rindu jantung hati. 지금 나는 애인이 보고 싶다.
jantung kota	시내 중심지 pusat kota	Cikarang adalah jantung kotanya daerah industri. 찌까랑은 공업지역의 중심지이다.
jatuh bangun	오르내리다	Dalam menjalankan bisnis ini tentu tidak mudah jatuh bangun pernah dia alami. 이 사업을 하면서 그는 경험을 통하여 쉽지 않다는 것을 확인했다.
jerih payah	노력 usaha	Segala jerih payah orang tua saya akan selau ingat. 부모님의 모든 노고를 나는 항상 기억할 것이다.
juru batu	조각가	Dia menjadi juru bayar di kantornya. 그는 사무실의 출납계가 되었다.
juru bayar	출납계 kasir	Ingin sekali pulang ke desaku yang indah permai. 아주 아름다운 내 마을로 돌아가고 싶다.
juru gamber	설계사	Perusahaan itu sedang membutuhkan juru gambar. 그 회사는 설계사가 필요한 중이다.
juru kunci	묘지기	Juru kunci itu mengatakan kalau makam itu seram sekali. 그 묘지기의 말에 의하면 그 무덤은 매우 소름끼친다고 말하였다.

단어	의미	예문
juru lukis	화가 pelukis	Di Ancol banyak juru lukis yang membuka usahanya kisana. 안쫄에는 직업 화가가 많이 있다.
juru masak	요리사	Masakan juru masak di hotel itu terkenal enak sekali. 그 호텔의 요리사 음식은 매우 맛있다고 알려져 있다.
juru mudi	운전수	Ayah saya seorang juru mudi angkutan umum. 내 부친께서는 공중 앙꿋단 운전수이시다.
juru tembak	저격수 penembak	Penjahat itu tewas ditembak oleh beberapa juru tembak. 그 악한은 몇 명의 저격수가 발사한 총에 맞아 사망하였다.
juru tulis	비서 sekretaris	Seorang juru tulis harus bisa mencatat apa saja yang disampaikan oleh bosnya. 어느 비서든 상관의 어떠한 지시도 기록할 수 있어야 한다.
kabut hitam	어두운 gelap	Kisah cintanya seperti tertutup kabut hitam karna tidak ada jalan keluarnya. 사랑 이야기는 출구가 없어 어둠속에 갇혀 있는 것과 같다.
kacau balau	어수선한, 난잡한 berantakan	Tidak ada pembantu rumah saya jadi kacau balau. 내 집엔 식모가 없어서 매우 난잡하다.
kaji ulang	재논의하다. 복습하다.	Sebaiknya pelajaran di sekolah kita kaji ulang lagi di rumah. 더 좋은 것은 학교에서 배운 것들을 집에서 복습하는 것이다.
kalang kabut	공항 panik	Sekarang dia kalang kabut, karena tugas pentingnya belum selesai. 중요업무가 아직 끝나지 않아 지금 그는 공황 상태이다.

단어	의미	예문
kambing hitam	누명, 오해	Dia tidak betah bekerja di kantor itu karna selau dijadikan kambing hitam oleh bosnya. 그는 상관에게 항상 억울한 업무상 오해를 당하여 더 이상 그 사무실에서 일할 의향이 없어졌다.
kampung hala -man	출생지, 고향 tempat asal	Saya rindu sekali pada kampung halaman. 나는 고향이 몹시 그립다.
kaki tangan	부하직원	Hampir semua urusan perusahaan diserahkan pada kaki tangannya. 거의 모든 회사 업무는 부하 직원들에게까지 전달되어진다.
karang taruna	청년회	Masuk ke dalam karang taruna sangat banyak manfaatnya. 젊은 층들과 어울리면 많은 도움(유용)이 된다.
kaum keluarga	가족, 일가	Untuk kaum keluarga baru yang tinggal di sini diharapkan dapat menjaga kebersihan lingkungan. 여기 거주하는 새 가구들은 주위의 청결을 바란다.
kaya raya	백만장자 jutawan	Saya ingin sekali punya pacar kaya raya. 나는 백만장자 애인을 간절히 원한다.
kekal abadi	영원히 selamanya	Semoga cinta saya dan dia kekal abadi. 나와 그의 사랑이 영원하기를!
keluh kesah	불평, 불만	Segala keluh kesah dia saya akan mendengarkan. 나는 그의 모든 불평을 들을 예정이다.
kembang desa	미의 화신, 가인 primadona	Anaknya Bapak Suradi menjadi kembang desa di desanya. 수라디 씨의 딸은 그 마을의 가장 예쁜 여인이 되었다.
kepalang tanggung	이미 저질러진 telanjur	Karena sudah kepalang tanggung tidak masuk selama beberapa hari akhirnya dia keluar dari perusahaan itu. 그는 이미 며칠 동안 회사에 출근하지 않아 해고되었다.

단어	의미	예문
kering kerontang	황무지 tandus	Di kampung saya dulu adalah kampung yang kering kerontang. 예전 내 고향은 황무지였다.
kerja bakti	협동	Ayah saya ikut kerja bakti setiap hari minggu di lingkungan rumah. 내 부친께서는 매주 일요일마다 집 주변 단체 청소에 동참한다.
kerja paksa	강제 노동	Sistem kerja paksa dulu pernah dilakukan tentara belanda kepada rakyat Indonesia. 강제 노역제는 이전 인도네시아 국민들이 네덜란드 군부에 의해 시행된 적이 있었다.
ketela pohon	싱콩 나무	Umbi ketela pohon adalah makanan kesukaan adik saya. 싱콩은 내 동생이 좋아하는 음식이다.
khasanah ilmu	지적 효용, 지식	Banyak sekali khasanah ilmu yang kita bisa cari dengan cara membaca buku. 우리가 독서를 통하여 찾을 수 있는 지식의 효력은 매우 많다.
kikir kedekut	인색한 pelit	Dia senang bekerja di sana karena orang-orang dan bosnya tidak kikir kedekut. 그는 상관과 동료들이 인색하지 않아 거기서 일하는 것이 즐겁다.
kilas balik	되돌아보다	Tidak ada salahnya jika di akhir tahun sebaiknya kita kilas balik kehidupan kita di tahun ini. 연말에 우리는 올 한해의 일들을 되돌아 보는 것이 더 좋다.
kincir air	물레바퀴	Para petani senang sekali karna mendapat kincir air dari pemerintah. 모든 농부는 정부로부터 물레바퀴를 지원받아 매우 기뻐했다.

단어	의미	예문
kiri kanan	양측, 쌍방	Kiri kanan telah setuju pada perjanjian itu. 양측 다 그 협약을 동의하였다.
kampul kerbau	동거	Akhirnya pasangan kumpul kerbau itu menikah di luar negeri. 마침내 그 동거 중인 두 사람은 외국에서 결혼하였다.
kunci rahasia	비밀번호	Sebelum menyalakan komputer jangan lupa masukkan kunci rahasia. 컴퓨터를 켜기 전에 비밀 번호 입력을 잊지 마라.
kuning gading	연 노란색	Saya suka baju yang berwarna kuning gading yang dijual di toko itu. 나는 그 가게에서 샀던 연 노란색 옷을 좋아한다.
kursi kebesaran	직책	Akhirnya dia turun dari kursi kebesarannya. 결국 그는 그 직책에서 내려 왔다.
kurus kering	허약해지다	Karena tidak mau makan akhirnya badannya jadi kurus kering. 식욕이 없어 결국 그의 몸은 야위고 약해졌다.
lagak ragam	다양한	Sungguh Indonesia mempunyai lagak ragam budayanya. 정말로 인도네시아는 다양한 문화들을 가지고 있다.
lagu lama	통상적인	Janji-janji wakil rakyat di DPR yang katanya akan mendengarkan kehendak rakyat adalah lagu lama. 국민의 목소리에 귀 기울일 것이라는 국회의원들의 약속들은 무의미한 약속들이다.
lajur pemisah	경계선, 분리선	Harus ada lajur pemisah untuk keluar masuk barang. 물건이 들어오고 나가는 것을 위한 분리선이 있어야 한다.
lalu lalang	왔다 갔다 하다	Banyak orang lalu lalang di jembatan itu. 많은 사람들이 그 다리에서 왔다 갔다 하였다.

단어	의미	예문
lalu lintas	교통	Masalah lalu lintas di ibukota belum ada jalan keluarnya. 자카르타의 교통 문제는 뚜렷한 방안이 아직 없다.
lambat laun	점차로 lama kelamaan	Saya akan menunggu cintanya saya yakin lambat laun dia akan mencintai saya juga. 나는 그가 점차 나를 사랑할 것이라고 확신하기에 그의 사랑을 기다릴 것이다.
lapis baja	굵고 견고한	Pintu penjara itu berlapis baja supaya para tahanan tidak ada yang bisa keluar. 교도소 문은 수감자들이 나갈 수 없도록 굵고 강하다.
latar belakang	계보, 족보 silsilah	Sebelum menikah lebih baik kita tahu latar belakang pasangan kita. 결혼 전에 우리는 상대자의 집안 계보를 알아보는 것이 더 좋다.
laut lepas	바다 중간에	Pengeboran minyak itu dilakukan di laut lepas. 그 석유 시추는 바다 한 가운데에서 행해졌다.
lambung kapal	배 내부	Para pekerja itu sedang membersihkan lambung kapal jadi untuk sementara waktu kapal tidak bisa digunakan. 배 내부를 청소 중이라 당분간 그 배를 사용할 수 없다.
lebah pekerja	꿀벌	Madu itu dihasilkan dari lebah pekerja yang berasal dari hutan di kampung. 그 꿀은 시골 숲의 꿀벌들로부터 획득한 것이다.
lemah gemulai	우아한 lembutmeliuk liuk	Jalannya lemah gemulai seperti putri. 그 길은 공주처럼 우아하다.
lemah lunglai	피곤한 lesu	Hari ini rasanya badan saya lemah lunglai. 오늘 내 몸은 피곤하다.
lengan baju	긴 윗옷	Lengan baju itu diberi ukiran dari benang emas. 그 긴팔 윗옷은 금색 실로 새겨졌다.

단어	의미	예문
letih lesu	매우 피곤한	Setelah bekerja seharian, ingin rasanya beristirahat agar badan yang letih lesu bisa kembali sehat. 하루 일과가 끝난 후 매우 지친 몸이 정상으로 돌아오도록 쉬고 싶다.
licin tandas	전부 없어지다	Akibat yang disebabkan kebakaran tadi malam semua rumah-rumah yanga adi disini licin tandas. 어젯밤의 화재로 인하여 모든 집들이 전소되었다.
lintah darat	고리사채업자	Bunga pinjaman yang diberikan lintah darat sangat tinggi sekali. 고리사채업자에게 빌린 돈의 이자는 매우 높다.
lintang pukang	허겁지겁 도망가다	Pencuri itu lari tunggang langgang karena ketahuan oleh polisi. 그 도둑은 경찰에 들켜 허겁지겁 도망갔다.
lintas batas	경계	Pasangan itu telah berjanji di lintas batas desa itu untuk itu untuk bertemu kembali. 그 한 쌍은 마을 경계에서 다시 만나기로 약속하였다.
mubuk kepyang	사랑에 미친	Laki-laki itu dibuat mabuk kepayang oleh perempuan itu. 그 남자는 그 여자로 인하여 사랑에 미치게 되었다.
main mata	곁눈질하다	Saya paling tidak suka dengan laki-laki yang suka main mata padahal sudah punya istri dan anak. 나는 이미 처자식이 있는 남자가 여자들에게 곁눈질하는 것을 가장 싫어한다.
makan angin	산책하다	Cape sekali seharian ini hanya makan angin saja. 하루 종일 산책만 하여 매우 피곤하다.
makan hati	괴로워하다	Kalau begini terus lama-lama bisa makan hati. 이렇게 계속 오래 가면 괴로울 수 있다.

단어	의미	예문
makan jalan	길을 막다	Truk besar itu parkir di sembarang tempat sehingga makan jalan dan kendaraan lain tidak bisa lewat jalan itu. 그 큰 트럭이 함부로 주차되어 있어 다른 차들이 지나갈 수 없었다.
makan suap	뇌물을 받다	Orang itu di tangkap polisi karena telah makan suap dari orang lain. 그 사람은 다른 사람으로부터 뇌물을 받아 경찰에 체포되었다.
makan tangan	주먹을 맞다	Karena sudah makan tangan pada anaknya , orang tua itu menyesal. 아이가 맞고 와서 그 부모는 속이 상했다.
mala petaka	재난, 재해 musibah	Semoga mala petaka ini akan cepat berkahir. 이 재난이 빨리 끝나기를 빈다.
masa bodoh	신경 쓰지 않다	Dia sudah masa bodoh dengan pekerjaannya karena sebentar lagi dia akan keluar. 그는 조만간 퇴직하기 때문에 일에 신경 쓰지 않는다.
mata angin	방향 arah	Mereka tersesat (salah jalan) karena mata angin dari petunjuk jalan itu sudah tidak ada lagi. 그들은 안내해준 사람의 방향에는 더 이상 길이 없어 길을 잘못 들어섰다.
mata bola	매우 둥근	Matanya indah seperti mata bola. 그녀의 눈은 커서 아름답다.
mata keranjang	호색한 genit	Suaminya mata keranjang tidak boleh lihat perempuan cantik waktu bersama istrinya. 호색한인 그녀의 남편도 아내와 같이 있을 때 예쁜 여자를 쳐다보지 못 한다.
mata pencaharian	직업 pekerjaan	Kalau perusahaan bangkrut seluruh pekerja akan kehilangan mata pencahariannya sehari-hari. 만일 회사가 부도가 나면 모든 직원은 일상의 직업을 잃게 될 것이다.

단어	의미	예문
mata pisau	칼끝	Dia tewas akibat terkena mata pisau milik temannya. 그는 친구의 칼끝에 맞아 살해되었다.
medan laga	전쟁터	Tentara itu tewas di medan laga. 그 군인은 전쟁터에서 사망하였다.
medan perang	전쟁터	Semoga para tentara bisa selamat dari medan perang. 모든 군인이 전쟁터로부터 안전하기를 바란다.
merah delima	(석류처럼) 매우 빨간	Bibirnya indah bagaikan merah delima. 그녀의 입술은 석류처럼 빨개 아름다웠다.
marah jambu	분홍색	Adikku suka sekali pakai baju merah jambu. 내 동생은 분홍색 옷을 좋아한다.
merah padam	부끄러운	Mukanya merah padam kalau bertemu pria itu. 그녀의 얼굴은 그 남자를 만나면 부끄러워하는 것 같다.
nafsu makan	식욕	Dari minggu kemarin nafsu makanku tinggi sekali. 지난주부터 나의 식욕이 매우 좋아졌다.
naik banding	다음 단계로 진행하다	Karena tidak puas dengan hasil sidang dia memutuskan untuk naik banding. 재판 결과가 마음에 안 들어 그는 상소하기로 결정하였다.
naik darah	화나는	Kelihatannya orang itu sudah naik darah, sebentar lagi pasti temannya dimarahi. 그 가람은 화가 나 있어 보여 잠시 후 그의 친구에게 반드시 화를 낼 것이다.
naik pitam	감정 emosi	Dia sudah naik pitam rupanya karena terlalu lama menunggu. 그는 너무 오래 기다려 화가 나 보였다.

단어	의미	예문
nenek moyang	선조, 조상	Nenek moyang kita dulu katanya seorang pelaut. 예전 우리 선조들은 뱃사람 이었다.
nina bobo	자장가	Bayi itu sedang dinina bobo kan oleh ibunya. 그 아기는 엄마의 자장가를 듣고 있는 중이다.
ninik mamak	어르신 kaum orang tua	Jika pulang kampung pasti banyak ninik mamak kita yang harus di datangi. 시골에 가면 반드시 찾아 뵈어야할 어르신들이 많다.
panas menyengat	매우 더운	Sinar matahari siang ini panas menyengat. 오늘 낮 햇볕은 너무 뜨겁다.
pangkal bala	위험요인	Hutan gundul adalah pangkal bala dari terjadinya banjir. 민둥산은 홍수 발생의 큰 위험요인이다.
patah hati	마음의 상처를 입은	Paling tidak enak yang namanya patah hati. 기분이 가장 안 좋은 것은 마음의 상처를 받았을 때이다.
patah semangat	의욕이 없는	Gagal dalam usaha jangan menjadi patah semangat harus berusaha lebih keras lagi. 사업의 실패로 의욕을 잃지 말고 더욱 더 열심히 노력해야 한다.
pedih perih	마음이 아픈	Saya masih ingat sekali betapa pedih perih hati ini di tinggal kekasih. 나는 두고 온 연인이 계속 떠올라 마음이 몹시 아프다.
pegang peranan	중요한	Rani pegang peranan atas kejadian ini semua. 라니에게는 이 모든 것이 성사 되는 게 중요하다.
pelita hati	마음의 빛	Dia adalah pelita hati yang selama ini saya cari. 그는 그동안 내가 찾아 온 마음의 빛이다.
peri laku	행위, 태도 perbuatan	Orang yang perilakunya baik tentu banyak teman-temannya. 올바로 행동하는 사람은 당연히 친구가 많다.

단어	의미	예문
peri perayangan	천사 bidadari	Waktu kecil dulu orang tua selalu cerita tentang peri perayangan yang turun ke bumi. 어렸을 적 부모로부터 하늘로부터 내려온 천사들의 얘기를 늘 들어 왔다.
pesta kebun	야외 축제	Sepertinya menarik juga kalau pernikahan dengan tema pesta kebun. 결혼식을 야외 축제 형식으로 한다면 홍미로울 것 같다.
pesta pora	파티를 열다	Raja sedang berpesta pora bersama rakyatnya merayakan kemenangan dalam perang. 왕은 전쟁에서 승리한 기념으로 국민들과 파티를 가지는 중이다.
pidana mati	사형 선고 hukum mati	Kepada para koruptor pidana mati layak diberikan. 전체 부패행위자들에게 마땅히 사형이 선고되었다.
pilih kasih	편애	Ibunya selalu pilih kasih sehingga anak itu tidak betah di rumah. 그 엄마는 항상 아이들을 편애하여 결국 그 아이는 집에 있기 싫어했다.
pokok pangkal	가장 중요 부분	Pokok pangkal dari permasalahan itu ada pada dirinya sendiri. 그 문제의 가장 중요 부분은 바로 그 자신에게 있다.
porak poranda	엉망진창인 kacau balau	Daerah itu sudah porak poranda akibat bencana tsunami. 그 지역은 쓰나미가 덮쳐 이미 엉망진창이었다.
pucat lesu	아픈, 핼쑥한	Akibat tidak tidur semalam sekarang wajahnya pucat lesu. 간밤에 잠을 못 자 지금 그의 얼굴이 핼쑥해 보인다.
pucat pasi	당황하는 gugup	Wajahnya pucat pasi saat guru tahu kalau dia melihat catatan pelajaran pada saat test. 시험 시간에 적어 온 메모를 보다 선생님에게 들켰을 때 그의 표정은 당황스러운 기색이었다.

단어	의미	예문
pupuk kandang	거름	Sekarang harga pupuk kandang mahal sekali. 요즘 거름은 매우 비싸다.
pusaran angin	강풍	Beberapa rumah rusak akibat pusaran angin yang terjadi tadi siang. 아까 낮에 분 강풍으로 몇 채의 집이 손상되었다.
putera mahkota	황태자	Pangeran william akan menjadi putera mahkota kerajaan inggris selanjutnya. 윌리엄 왕자는 영국 왕실의 왕세자가 될 것이다.
puteri salju	백설 공주 만화	Adik perempuan saya sangat suka film kartun putri salju. 내 여동생은 백설 공주 만화영화를 매우 좋아한다.
putih mata	부끄럽다	Dari pada hidup berputih mata lebih baik berputih tulang artinya dari pada hidup memalukan lebih baik mati. 부끄럽게 사느니 차라리 죽는 게 더 낫다.
putus asa	희망을 잃다	Karena telah lama tidak mendapat pekerjaan ia putus asa. 오랫동안 직업을 얻지 못해 그는 희망을 잃어 버렸다.
putus harapan	희망을 버리다	Karena perempuan itu telah menikah dengan orang lain maka putuslah harapannya kini. 그 여자가 이미 다른 사람과 결혼을 했기 때문에 이제 희망을 버려라.
rabun senja	눈이 어두운	Ayahku sakit rabun senja sejak 5 tahun yang lalu. 내 부친께서는 5년 전부터 눈이 잘 안 보이신다.
radio dengkul	거리의 악사	Kita bisa mendengarkan radio dengkul di bis-bis kota. 우리는 시내버스들 속에서 거리의 악사들 노래를 들을 수 있다.

단어	의미	예문
ramah tamah	친근한, 격식 없는	Acara selanjutnya akan di teruskan dengan acara ramah tamah. 이어지는 의식은 격식 없이 계속되어질 것이다.
rambu pengaman	안전 표시	Demi keselamatan para pemakai Jalan raya diwajibkan untuk patuh terhadap rambu pengaman. 큰 도로를 사용하는 모든 사람들은 안전상 안전 표시에 따를 의무가 있다.
ratap tangis	애도, 비탄	Hati ini rasanya sedih sekali melihat ratap tangis anak-anak itu. 그 아이의 비보를 접하고 매우 슬프다.
riang gembira	매우 기쁜	Hatinya riang gembira menunggu kekasihnya pulang. 그녀는 애인이 돌아오는 것을 기다리는 중이라 매우 들떠 있다.
ringan tangan	폭행을 좋아하다	Kasihan sekali anak itu, orangtuanya suka ringan tangan. 그 아이는 부모로부터 자주 폭행을 당하여 불쌍하다.
sabung nyawa	목숨을 걸다	Dia rela bekerja sabung nyawa demi untuk anak dan istrinya. 그는 처자식을 위하여 목숨을 걸고 일을 한다.
sahabat pena	펜팔친구	Sahabat pena itu pun akhirnya dapat bertemu. 그 펜팔 친구를 결국 만나게 되었다.
sangkut paut	연관, 관계	Saya sama sekali tidak ada sangkut pautnya dengan masalah ini. 나는 전혀 이 문제와 연관이 없다.
satu padu	뭉치다, 단결하다	Kita harus bersatu padu untuk melawan musuh. 우리는 적을 맞이하여 하나로 뭉쳐야 한다.

단어	의미	예문
sawah ladang	농토	Semua sawah ladang yang ada di kampung telah di siapkan untuk diurus oleh anak-anaknya. 시골에 있는 모든 농토는 이미 자식들에 의해 경작될 준비가 되어 있다.
secara lisan	구두 상으로	Mohon maaf kalau undangan ini disampaikan secara lisan. 이러한 초청이 구두 상으로 이루어진 것에 미안합니다.
sedia kala	처음처럼	Mudah-mudahan bisa dilihat lagi seperti sedia kala. 처음처럼 다시 보여 지기를 바랍니다.
sedu sedan	목메어 울다 isak tangis	Mendengar Sedu Sedan temannya, dia jadi kasihan melihatnya. 목메어 우는 걸 보니 보기가 애처롭다.
segar bugar	매우 건강한	Padahal kemarin kelihatan segar bugar , tapi kenapa pagi-pagi sudah masuk Rumah Sakit. 어저께만 해도 매우 건강해 보였는데 아침 일찍 병원에 입원하다니…
seluk beluk	처음부터 끝까지	Istrinya sangat tahu seluk beluk pekerjaan suaminya. 그의 아내는 처음부터 끝까지 남편의 일을 매우 잘 알고 있다.
semak belukar	풀로 무성한	Dulu daerah itu penuh dengan semak belukar sebelum menjadi gedung-gedung bertingkat. 이전에 이곳은 건물들이 들어 서기 전까지 긴 풀들로 꽉 차 있었다.
semata wayang	유일한 satu-satunya	Anak semata wayang itu telah pergi meninggalkan keluarganya. 그 외아들은 이미 가족 곁을 떠나갔다.

단어	의미	예문
sembah sujud	존경	Sebelum menikah saya pasti akan melakukan sembah sujud pada orang tua saya. 결혼하기 전에 나는 반드시 나의 부모님을 존경할 것이다.
senda gurau	농담하다	Anak-anak sekolah itu sedang bersenda gurau bersama gurunya. 그 학교 학생들은 선생님과 농담을 하고 있는 중이다.
sepak terjang	모든 행위	Polisi tahu sekali bagaimana sepak terjang orang itu dalam usaha praktek ilegal. 경찰은 그 사람이 불법 의료업을 어떻게 해 왔는지 모든 걸 잘 알고 있다.
serba ada	있는 전부	Orang itu akan membangun toko serba ada di daerah tersebut. 그 사람은 언급된 지역에 있는 모든 가게들을 지었다.
serba guna	모든 이용 가능한	Mereka akan rapat di ruang serba guna itu. 그들은 그 모든 기능이 있는 홀에서 회의를 할 것이다.
serba aneka	다양한	Di pasar itu dijual serba aneka kue kue. 그 시장은 다양한 과자들을 판다.
silang selisih	견해 차이	Silang selisih dalam rapat adalah hal yang biasa terjadi. 회의 중 견해 차이는 종종 발생하는 일이다.
sorak sorai	함성	Seluruh rakyat bersorak sorai gembira sambut presiden baru. 모든 국민들은 새 대통령을 기쁘게 받아들이며 함성을 질렀다.
suci murni	순결한	Cintanya kepada wanita itu adalah cinta suci murni. 그 여자를 향한 그의 사랑은 순결하다.

단어	의미	예문
sumpah serapah	악담, 독설	Jangan sampai keluar sumpah serapah dari mulut orang tua kita saat mereka sedang marah. 부모님들이 화를 내는 순간에 자신들의 입에서 독설이 나오지 않도록 하라
sunyi senyap	매우 고요한 sepi sekali	Saat kejadian malam itu benar benar sunyi senyap. 그날 밤은 정말로 고요했다.
sunyi sepi	매우 한산한	Pada hari libur jalan raya di sekitar rumah benar-benar sunyi sepi. 휴무일에 주택가 주변엔 정말로 한산했다.
suri tauladan	모범	Semoga kita semua bisa menjadi suri tauladan bagi anak-anak kita. 우리 모두는 아이들에게 모범이 되기를 바란다.
susah payah	고생하여, 힘들게	Dengan susah payah dia mendirikan perusahaan ini, sekarang akhirnya bisa bangkrut. 그는 겨우 겨우 이 회사를 설립했지만 결국 부도날 상황이 되었다.
suratan takdir	숙명 takdir	Tidak ada orang yang bisa merubah takdir. 숙명을 바꿀 수 있는 사람은 없다
suratan tangan	운명 nasib	Suratan tangan setiap orang ditentukan oleh usahanya sendiri. 모든 사람의 운명은 자신의 노력에 의해 결정된다.
syah bandar	부두책임자	Syah bandar itu telah meninggal dunia kemarin. 그 부두책임자는 어젯밤에 세상을 떠났다.
tabur bunga	분화	Acara tabur bunga yang diikuti oleh seluruh anak sekolah hari ini berjalan lancar. 오늘 전체 학생들이 참여하는 분화 의식은 원활하게 진행되었다.

단어	의미	예문
tahan banting	강한	Hidup di kota harus tahan banting bila mau sukses. 도시 생활에 성공하고 싶다면 굳건함을 유지해야 한다.
tajuk rencana	정책 siasat	Ayah saya sedang menonton acara tajuk rencana di televisi. 내 부친께서는 TV의 정책 프로그램을 시청하고 있는 중이시다.
tanah gundul	민둥산의	Hutan itu kini menjadi tanah gundul karena pohon-pohon nya sering ditebang oleh warga sekitar. 현재 그 숲은 주변 주민들의 벌채로 인하여 민둥산이 되었다.
tanah lapang	벌판	Sebentar lagi di tanah lapang itu akan segera di bangun perumahan. 조만간 그 벌판은 주택단지로 될 예정이다.
tanam paksa	강제조림	Pada waktu penjajahan Belanda pernah diterapkan sistem tanam paksa kepada rakyat Indonesia. 네덜란드 지배 시대에 인도네시아 국민들의 강제 조림이 시행되었다.
taraf pemula	아마추어	Ujian setir mobil hari ini untuk taraf pemula saja. 오늘 차 운전 시험은 오직 아마추어를 위한 것이다.
tata susila	예절관습	Setiap orang tua harus memberi pelajaran tata susila kepada anaknya. 모든 부모는 아이들에게 예절을 가르쳐야 한다.
tawar hambar	밋밋한	Kehidupan perkawinannnya yang sudah 10 tahun menjadi tawar hambar. 이미 10년째 된 결혼 생활은 단조롭게 되었다.
tebal telinga	남의 말에 개의치 않는	Menjadi artis harus tebal telinga dari gosip-gosip. 연예인이 되려면 남의 말에 개의치 않아야 한다.

단어	의미	예문
tegur sapa	경고하다	Sejak pindah rumah mereka sudah tidak bertegur sapa. 이사 간 이후로 그들은 경고를 받지 않았다.
tekuk lutut	무릎 꿇다, 항복하다	Musuh bertekuk lutut karena kalah perang. 적들은 전쟁에서 패해 항복하였다.
tempat tinggal	집	Tempat tinggalnya yang dulu kini sudah tidak ada lagi karena telah di bangun gedung-gedung. 예전에 살던 집이 지금은 이미 다른 건물들이 들어서 없어졌다.
tepuk tangan	박수 치다	Para Penonton bertepuk tangan setelah melihat pertunjukan itu. 모든 관객이 그 임명식을 보고 박수를 보냈다.
tepuk dada	자랑스럽다. bangga	Indonesia boleh bertepuk dada karena telah lolos final sepak bola dunia. 인도네시아가 월드컵 결승에 올라 자랑스럽다.
terang benderang	빛이 나다	Cahaya lampu di rumah itu terang benderang seperti bulan di malam hari. 그 집의 램프 빛은 밤에 달처럼 빛난다.
timbal balik	보답	Karena sudah dinaikkan gajinya maka timbal balik untuk perusahaan adalah harus bekerja lebih rajin lagi. 급여를 인상시켜 준 회사를 위한 보답으로 더욱 열심히 일애야 한다.
timbul tenggelam	이내 사라지다	Artis jaman sekarang timbul tenggelam, tidak seperti artis jaman dulu yang dapat bertahan lama. 요즈음 연예인들은 예전과 달리 인기가 오래 가지 못하는 것 같다.

단어	의미	예문
timbang terima	인수인계	Sebelum keluar dari perusahaan sebaiknya ada timbang terima kepada yang mengganikan. 회사를 퇴직하기 전에 후임자에게 인수인계를 하고 가는게 더 좋다.
tipu daya	사기행각	Segala tipu daya dia selama ini sebentar lagi akan di laporkan ke Polisi. 그 동안 그의 사기행각은 조만간 경찰에 알려질 것이다.
tinggi hati	거만한	Orang yang tinggi hati tidak akan disukai orang. 거만한 사람은 사람들이 좋아하지 않는다.
tipu muslihat	사기술	Orang itu pintar sekali tipu muslihatnya. 그 사람은 사기술이 뛰어나다.
tolak ukur	기준, 표준	Tolak ukur kesuksesan pemerintah yang dipimpin SBY, adalah apabila kehidupan rakyat lebih baik dari sebelumnya, seperti dalam hal ekonomi dan pendidikan. SBY 대통령이 이끄는 정부의 성패 기준은 경제와 교육 분야 등에서 국민들이 이전보다 더욱 나아지는 것이다.
topang dagu	넋을 잃은 termenung	Dia hanya bertopang dagu memikirkan hidupnya yang susah sekali. 그는 너무 힘든 일상생활에 넋을 잃고 생각하고 있다.
tukang tadah	장물아비	Di rumah Tukang tadah itu banyak di temukan barang-barang milik perusahaan. 그 장물아비 집에서 수많은 회사 물건들이 발견되었다.
tulus ikhlas	정직하고 성실한	Sebaiknya memberi bantuan kepada orang lain dengan tulus ikhlas. 다른 사람을 도우려면 최선은 정직하고 성실히 대하는 것이다.

단어	의미	예문
tumpah darah	민족, 국민	Saya akan menjaga tumpah darah Indonesia sampai mati. 나는 죽을 때까지 인도네시아 국민들을 지킬 것이다.
tunduk tengadah	신중히 생각하다	Sebaiknya kita saling tunduk tengadah bagaimana caranya menyelesaikan masalah ini. 우리 모두 이 문제를 해결할 방법을 신중히 생각하는 게 더 좋겠다.
tunggang langgang	허겁지겁 도망가다	Pencuri itu lari tunggang langgang karena ketahuan oleh polisi. 그 도둑은 경찰에 들켜 허둥지둥 도망갔다.
tutup buku	끝나다	Kisah Cintaku dengannya sudah tutup buku 2 bulan yang lalu. 그와 나의 사랑 이야기는 이미 2개월 전에 끝났다.
tutup mulut	침묵하다	Semua orang disuruh tutup mulut supaya jangan sampai ada yang bicara tentang peristiwa tersebut. 사건에 대하여 얘기하는 사람이 있지 않도록 모두가 침묵을 요구 당했다.
tutup tahun	연말결산	Biasanya pada saat tutup tahun para karyawan mendapat bonus. 보통 연말결산 시 모든 직원들은 보너스를 받는다.

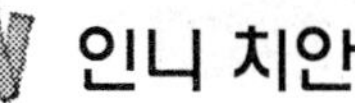 인니 치안

1) 언어 장벽에서 오는 많은 문제들

　　가. 가장 큰 문제는 현지 언어의 장벽인 것 같습니다. 인도네시아 국민들은 일부의 엘리트 층 외에는 영어가 거의 통하지 않는 나라입니다. 누구든지 현지 언어를 모르면 불안하고 낯설기 마련입니다.

　　나. 치안 문제도 이런 부분과 밀접한 연관성이 있다고 보아야 합니다.

2) 현지의 문화 및 관습, 국민성 등을 이해하고 동화되는 것 역시 아주 중요한 부분입니다.

　　가. 현지 문화 및 관습 이해 : 왼손은 불결의 상징이므로 악수나 물건을 건네줄 때 왼손을 사용하면 불쾌하게 생각합니다. 무슬림은 음주를 금기시하지만 일부 음주를 즐기는 사람도 있으므로 식당 등 술을 권할 수 있는 좌석이라면 사전에 술을 권해도 되는 지 문의를 하는 게 예의입니다.

　　나. 현지 사람들의 특성 : 자존심이 상당히 강하여 특히 많은 사람들 앞에서 수치심을 일으킬 수 있는 언행을 하지 말아야 합니다. 잘못을 한 부분을 질책하더라도 주위에 사람이 있으면 효과도 약해질 뿐만 아니라 나쁜 감정을 마음에 새길 수도 있습니다. 당연히 관계 회복에도 많은 시간이 걸리고 더욱 악화된 상황으로 갈 수도 있습니다.

　　다. 종교 개종 목적과 유사한 행위 : 회교신자들은 거의 모두가 모태 신앙이고 개종을 사실상 허용치 않기 때문에 기독교 등 타 종교의 선교사나 봉사단체의 선교 목적을 띤 봉사활동은 무의미합니다.

3) 우범 지역, 붐비는 지역에서의 소매치기, 강도 조심(주로 오토바이 등 이용)

상기 사항들은 한국을 포함한 세계 어느 나라에서나 발생할 수 있는 문제이므로 결국 자신이 스스로 잘 적응하고 주의하는 게 가장 중요합니다.

Ⅵ. 반복어(Kata ulang)의 유형

1. 형태에 따른 분류(macam kata ulang)

1) 어근 반복(Kata ulang sejati)

가. cepat-cepat : 빨리

Kalau jalan jangan cepat-cepat nanti jatuh.

넘어질라 빨리 걷지 마라

나. gara-gara : 때문에

Gara-gara perempuan itu kedua laki-laki itu bertengkar.

그 여자 때문에 그 두 남자는 서로 싸웠다.

다. hati-hati : 주의하는, 신중히

Setiap orang tua harus hati-hati dalam mendidik anaknya.

모든 부모는 자식을 가르칠 때 신중을 기하여야 한다.

2) 음소 변형(Kata ulang berubah bunyi)

가. lauk-pauk : 다양한 반찬

Makanan yang bergizi harus ada lauk-pauk seperti ikan, daging, telur dan lain-lain.

영양가 많은 음식은 생선, 육류, 달걀 등등처럼 다양한 반찬들에 있다.

나. kacau-balau : 혼란한, 혼잡한

Acara pertandingan sepak bola itu kacau-balau.

그 축구 경기는 매우 혼잡하였다.

다. hingar-bingar : 시끌벅적한

Pasar itu terlihat hingar-bingar.

그 시장은 시끌벅적해 보였다.

라. mondar-mandir : 이리저리, 왔다갔다

   Dia mondar-mandir di depan saya.

   그는 내 앞에서 왔다 갔다 했다.

마. teka-teki : 수수께끼

   Kasus kematian perempuan itu masih teka-teki.

   그 여자 살해 사건은 아직 수수께끼다.

3) 의미가 달라지는 어근 반복(Kata ulang semu)

가. agar-agar : 젤리

   Anak kecil senang makan agar-agar karena rasanya enak.

   어린 아이는 맛있기 때문에 젤리 먹는 걸 좋아한다.

나. kura-kura : 거북이

   Anak-anak biasanya senang melihat kura-kura.

   대개 아이들은 거북이 구경하는 걸 즐거워한다.

다. layang-layang : 연

   Dalam rangka HUT RI, diadakan lomba layang-layang.

   인도네시아 광복절 기념으로 연 날리기 경기가 열린다.

라. guna-guna : 마법, 매직

   Orang itu habis diguna-guna akhirnya meninggal.

   그 사람은 마법(매직)이 끝나자 결국 사망하였다.

4) 접사 동반(Kata ulang berimbuhan)

가. beberapa : 몇

   Perlombaan menyanyi dinilai dalam beberapa kategori.

   노래 경연은 몇 개의 범주 내에서 평가된다.

나. sesama : 동료

Untuk mempererat rasa kekeluargaan sesama umat islam harus saling bertegur sapa.

가족 같은 친밀함을 위하여 무슬림 동료들은 서로 친근한 말을 주고 받아야 한다.

다. berlari-lari 이리 저리 달리는

Biasanya anak-anak senang berlari-lari di taman.

보통 아이들은 공원에서 뛰어 다니는 걸 좋아한다.

라. sebaik-baiknya : 최대한 좋게

Uang harus digunakan dengan sebaik-baiknya.

돈은 최대한 가치 있게 사용되어져야 한다.

마. kekanak-kanakan : 어린애 같은

Orang itu sudah tua tapi sifatnya masih kekanak-kanakan.

그 남자는 이미 늙었지만 아직 어린애 같이 행동한다.

2. 의미에 따른 분류(arti kata ulang)

1) 다수/모든(banyak/semua)

가. Karyawan-karyawati(semua karyawan)

Perusahaan yang sedang berkembang akan menilai karyawan-karyawatinya sesuai prestasinya.

번창 중인 회사는 업무 성과에 따른 직원들의 평가를 할 것이다.

나. rumah-rumah(banyak rumah)

Di desa itu banyak rumah-rumah yang akan digusur.

그 마을의 많은 집들은 이전될 것이다.

2) 모방, 모형(tiruan/menyerupai)

가. kapal-kapalan : 모형 함

Di sekolahan muridnya sedang membuat kapal-kapalan.

그 학교 학생들은 모형 함을 만들고 있는 중이다

나. kuda-kudaan : 목마

Supaya anak mau makan harus bermain kuda-kudanya.
아이들의 식욕을 위하여 놀이용 말 타기 놀이를 하여야 한다.

다. langit-langit : 입천장, 방 천장

Langit-langitnya rumah itu kotor sekali.
그 집 천장은 매우 더러웠다.

3) 다양한(bermacam-macam)

가. warna-warni : 다양한 색

Di toko baju itu banyak baju yang berwarna-warni.
그 옷 가게에는 다양한 색의 많은 옷들이 있었다.

나. serba-serbi : 여러 가지의, 각종의

Acara di televisi banyak serba-serbi.
TV 방송은 다양하게 많이 있다.

4) 매 번(setiap)

가. gerak-gerik : 동작, 움직임

Pencuri itu sudah ketahuan gerak-geriknya oleh polisi.
그 도둑은 경찰에 의해 움직임들이 포착되었다.

나. sehari-hari : 매일, 날마다

Anda belajar bahasa Indonesia di mana sehari-hari?
당신은 매일 어디서 인도네시아어를 공부합니까?

5) 반복(berulang-ulang)

가. berteriak-teriak : 자꾸 소리 지르다

Suporter sedang berteriak-teriak manyaksikan acara itu.

서포터들은 그 방송을 보면서 연방 소리를 지르고 있다.

나. menggaruk-garuk : 자꾸 긁다

Anak kecil itu menggaruk-garuk kepalanya karena gatal.
그 작은 아이는 간지러워 자꾸 머리를 긁고 있었다.

6) 연속(terus-menerus)

가. tidur-tiduran : 계속 자다

Sepulang kerja biasanya tidur-tiduran untuk melepas lelah.
일을 마친 후 보통 피로를 풀기 위하여 계속 잔다.

7) 무 방향(tanpa tujuan)

가. berjalan-jalan : 이리저리 거닐다

Wanita cantik sedang berjalan-jalan di mall sendirian.
예쁜 여자 혼자 몰에서 이리 저리 거닐고 있는 중이다.

나. berkeliling-keliling : 돌아다니다

Wisatawan dari Korea sedang berkeliling-keliling Jakarta.
한국에서 온 관광객은 자카르타를 돌아다니고 있는 중이다.

8) 항상(selalu)

가. berputar-putar : 항상 돌다

Baling-baling itu berputar-putar dengan cepat.
그 바람개비는 빠르게 돌고 있다.

나. berkelap-kelip : 항상 꺼졌다 켜졌다 하다

Sebagian lampu-lampu di diskotek selalu berkelap-kelip.
디스코텍의 일부 전등은 항상 꺼졌다 켜졌다 한다.

9) 서로(saling)

가. berpukul-pukulan : 서로 때리다

Kedua petinju itu sedang berpukul-pukulan di atas ring.

그 두 복서는 링 위에서 서로 주먹을 휘두르고 있다.

나. tikam-menikam : 서로 찌르다

Warga desa cibatu saling tikam-menikam.

찌바뚜 마을 주민들은 서로 칼로 찌르고 있다.

다. bertuduh-tuduhan : 서로 전가하다

Sesama muslim jangan saling bertuduh-tuduhan.

무슬림 동료는 서로 잘못을 전가하지마라

10) 매우(sangat)

가. erat-erat : 매우 단단히

Biar gak jatuh tasnya dipegang erat-erat.

가방을 떨어뜨리지 않게 단단히 쥐어라

나. sunyi senyap : 매우 고요한

Setiap malam di desa itu sunyi-senyap.

매일 밤 그 마을은 매우 조용하다.

다. sekeras-kerasnya : 매우 세게

Pencuri sepeda motor itu dipukul warga sekeras-kerasnya.

그 오토바이 도둑은 마을 주민들에게 매우 세게 맞고 있다.

라. gelap-gulita : 매우 어두운

Karena mati listrik di rumah terasa gelap gulita.

정전이 되어 집이 매우 어둡게 느껴졌다.

11) 다소, 약간(agak)

가. Kekuning-kuningan 노란 색을 띤

Bulan mangga terlihat kekuning-kuningan tandanya sudah mateng.
망가 계절엔 노란색을 띠는데 이미 익었다는 표시이다.

나. Kehijau-hijauan 초록빛을 띤
Warna bajunya kehijau-hijauan seperti daun.
그 옷 색은 잎처럼 초록색을 띠고 있다.

다. Pening-pening 약간 어지러운
Setelah mengerjakan soal matematika rasanya kepala pening-pening.
수학 문제를 풀고 난 후 머리가 약간 어지러웠다.

12) 정도, 강도(derajat/intensitas)

가. Sebanyak-banyaknya 가능한 많이
Di bulan Ramahdan umat islam harus melaksanakan ibadah sebanyak-banyaknya.
라마단에 회교 신자들은 가능한 많이 계율을 수행해야 한다.

나. Setinggi-tingginya 가능한 높이
Cita-cita harus diraih setinggi-tingginya.
이상은 가능한 높게 가져야 한다.

다. Seenak-enaknya : 마음 내키는 대로
a. 예) Seorang korupter seenak-enaknya saja makan uang negara.
한 부패 행위자는 제 멋대로 국가 공금을 횡령하였다.

Raja Ampat - 서 파푸아 주

린자니 산 - 서부 누사떵가라 주

따나 롯(Tanah Lot) 사원 -발리

Tangkuban Perahu 화산 분화구 -반둥

VII. 상용 속담(Peribahasa Populer) 모음

인도네시아에도 많은 속담, 격언들이 있습니다. 내용들을 보면 우리나라의 그것들과 유사한 것들이 많고 인도네시아 인들도 일상생활에 자주 사용하는 속담들을 모아 보았습니다.

코모도 섬 – 동부 누사떵가라 주

길이가 3미터까지 자라는 도마뱀의 유일한 서식지

아낙 크라카토 화산섬 –순다해협

매년 키가 7cm씩 자라는 독특하며 엄청난 에너지가 잠재되어 있는 화산.

상용 속담	숨은 뜻 및 번역
Ada gula ada semut	Di mana banyak rezeki, di situ pulalah banyak orang berkumpul. 이익이 되는 곳이면 어디든 사람이 모인다. (꽃이 좋으면 나비가 모인다.)
Air beriak tanda tak dalam	Orang yang banyak omong biasanya sedikit sekali ilmunya. 말 많은 사람은 통상 가진 지식은 많지 않다.(빈깡통이 요란하다.)
Air cucuran atap jatuhnya ke pelimbahan juga	Tingkah laku orang tua biasanya turun kepada anak. 부모의 행동은 아이에게 되물림한다. (아이는 부모의 얼굴이다.)
Air diminum rasa duri, nasi dimakan rasa sekam	Keadaan hati yang sangat susah sehingga tak ada keinginan untuk makan/minum. 아무리 하여도 좋게 될 수 없는 일이나 사람을 두고 하는 말(나무 접시 놋접시 될까)
Air susu dibalas dengan air tuba	Perbuatan baik dibalas dengan perbuatan jahat. 호의가 악의로 되돌아온다. (은혜를 원수로 갚다)
Air tenang biasanya menghanyukan	Orang yang pendiam biasanya banyak pengetahuannya. 말수가 적은 사람이 보통 지식은 많다. (빈 깡통이 요란하다.)
Air yang tenang jangan disangka tiada berbuaya	Orang yang tenang jangan disangka tidak memiliki kelebihan. 겉모양만 가지고 내용을 속단하지 말라는 훈계의 말. (검은 고기 맛있다 한다)
Anjing menggonggong, kafilah berlalu	Bila kita memiliki tujuan atau keinginan tertentu, lakukan saja tidak usah memerhatikan cemoohan orang lain. '간섭하는 사람이 많으면 일이 잘 안 된다는 뜻. (사공이 많으면 배가 산으로 올라간다)
Asam di gunung, garam di laut, berjumpa dalam belanga	Melukiskan dua orang yang tidak saling kenal, tetapi pada suatu ketika dapat bertemu menjadi suami-istri. 쓸모없어 보이는 것이 도리어 제구실을 제대로 한다는 뜻. (굽은 나무가 선산을 지킨다)

상용 속담	숨은 뜻 및 번역
Bagai hujan jatuh ke pasir	Nasehat yang tidak diikuti oleh seseorang 조언이 통하지 않은 사람(쇠귀에 경 읽기)
Bagai air di daun talas/Bagai air di daun keladi	Orang yang plin plan 주관이 없는 사람을 일컫는 말(변덕이 죽 끓듯 한다)
Bagai bumi dengan langit	Dua hal yang sangat jauh perbedaannya sehingga sulit dipertemukan. 서로 상반되는 꼴(경우)임을 비유하여 이르는 말(나무공이 등 맞춘 것 같다)
Bagai makan buah malakama, jika dimakan ibu mati, tidak dimakan bapak mati	Suatu pilihan yang sangat sulit, maju salah mundurpun salah. 앞으로 나아가지도 뒤로 물러나지도 못 하는 어려운 상황이다. (가자니 태산이요, 돌아서자니 숭산이라)
Bagai mendapat durian runtuh	Mendapat sesuatu/kegembiraan yang tidak diduga-duga. 예고도 없이 뜻밖의 일이 생겼을 때 하는 말(아닌 밤중에 홍두깨)
Bagai menghitung bintang di langit	Mengerjakan suatu pekerjaan yang sia-sia. 쓸모없는 어떠한 일을 하다. (엉뚱한데 힘을 낭비한다)
Bagai si cebol merindukan bulan	Cita-cita yang tidak mungkin tercapai 될 수 없는 일은 바라지도 말라는 뜻. (올라가지 못할 나무는 쳐다보지 마라)
Berat sama dipikul, ringan sama dijinjing	Setiap resiko, baik atau jelek ditanggung bersama. 좋든 나쁘든 다 자신의 몫이다. (결과에 순응해야 한다)
Bergantung pada akar lapuk	Mengharapkan bantuan kepada seseorang yang tidak mungkin dapat membantu karena dia sendiri tidak mampu. 도와줄 능력이 없는 사람에게 도움을 요청하다. (사람 보는 눈이 없다)

상용 속담	숨은 뜻 및 번역
Berjalan peliharakan kaki, berkata peliharakan lidah	Dalam hidup harus hati-hati apa yang akan dilakukan, supaya tidak menemui kesulitan. 살아가면서 곤경에 처하지 않으려면 매사에 신중해야 한다. (말 한 마디에 천금이 오르내린다)
Bermain air basah, bermain api letup	Setiap orang yang melakukan tindakan, harus juga siap menerima resikonya. 모든 사람은 어떠한 행위 후의 결과를 스스로 받아 들여야 한다. (자신의 행동에 책임질 줄 알아야 한다)
Bersatu teguh, bercerai runtuh	Dalam menghadapi masalah bersama, hadapi secara bersama-sama juga karena akan lebih mudah menghadapinya, daripada masing-masing akan lebih susah. 뭉치면 살고 흩어지면 죽는다.
Besar pasak dari pada tiang	Belanja hidupnya lebih besar daripada penghasilannya. 마땅히 작아야 할 것이 오히려 클 때를 비유해서 이르는 말(배보다 배꼽이 더 크다)
Besar periuk, besar keraknya	Bila pendapatannya banyak, pengeluarannya pun biasanya tidak sedikit. 수입이 많으면 보통 지출도 적지 않다. (버는 게 많을수록 씀씀이도 커진다)
Biar lambut asal selamat, takkan lari gunung dikejar	Menyelesaikan pekerjaan tidak perlu tergesa -gesa asal berhasil dengan baik. 좋은 성과를 내려면 일을 급하게 끝내려고 할 필요가 없다. (천리 길도 첫 걸음부터 시작한다)
Buruk muka cermin dibelah	Marah kepada orang yang telah memperlihatkan kesalahannya. 잘못한 사람이 오히려 화를 내다. (방귀뀐 놈이 성낸다)
Cepat kaki ringan tangan	Orang yang tidak mampu tapi berlagak seperti mampu. 할 줄 모르면서 할 줄 아는 것처럼 으쓱거린다. (뱁새가 황새 따라가다 다리 찢어진다.)

상용 속담	숨은 뜻 및 번역
Dalam laut dapat diduga, dalam hati siapa tahu	Kita tidak tahu apa keinginan setiap orang. 우리는 모든 사람의 바람을 알 수 없다. (한 길 사람 속은 모른다.)
Datang tampak muka, pergi tampak punggung	Bila kita datang ke rumah orang secara baik-baik, pergipun harus baik-baik juga. 올 때 좋게 왔으면 갈 때도 좋게 가야 한다. (시작이 좋으면 끝도 좋아야 한다)
Di mana bumi dipijak, di situ langit dijunjung	Kemana pun kita pergi, kita harus bisa menyesuaikan diri kita dengan kebiasaan yang ada di tempat itu. 어딜 가든 그 지역의 풍습에 따라야 한다. (로마에 왔으면 로마법을 따라야 한다.)
Di mana tiada rotan, akar pun berguna	Jika tidak ada yang original, pakai yang tiruannya tidak apa-apa asal bagus. 적당한 것이 없을 때 비슷한 것으로 대신한다는 말. (꿩 대신 닭)
Enak sama dimakan, pahit sama dimuntahkan	Untung rugi ditanggung bersama. 이익이 나든 손실이 나든 함께 공유해야 한다. (달면 삼키고 쓰면 뱉는다.)
Esa hilang dua terbilang	Semangatnya terus berkobar untuk mendapatkan cita-cita. 열망을 계속 품고 있어야 목표한 이상에 도달할 수 있다. (뜻이 있는 곳에 길이 있다)
Emas disangka loyang	Disangka buruk ternyata baik. 겉모양만 가지고 내용을 속단하지 말라는 훈계의 말. (검은 고기 맛 좋다 한다)
Gajah di pelupuk mata tidak tampak tapi kuman di seberang lautan tampak	Kesalahan orang lain meskipun kecil dia lihat, tapi jika sendirinya punya salah yang besarpun dia tidak tahu. 남의 조그만 잘못은 크게 보이고 자신의 큰 잘못은 잘 안 보인다. (숯이 검정 나무란다)

상용 속담	숨은 뜻 및 번역
Gajah mati meninggalkan gading, harimau mati meninggalkan belang	Orang yang telah meninggal itu yang dilihat adalah amal perbuatan yang telah dilakukannya, bukan harta bendanya. 사람은 죽어 재산이 아닌 생전의 행위 등을 남긴다. (호랑이는 죽어 가죽을 남기고 사람은 죽어 이름을 남긴다)
Gali lubang, tutup lubang	Pinjam uang di A untuk bayar hutang di B. 제 물건은 쓰지 않고 남의 물건으로 생색을 낸다.
Guru kencing berdiri, murid kencing berlari	Perbuatan pemimpin yang kurang baik biasanya akan ditiru oleh anak buahnya. 좋지 않은 지도자의 행동은 부하들이 따라 한다. (윗물이 맑아야 아랫물도 맑다)
Habis manis sepah dibuang	Habis manis sepah dibuang 쓸모가 없어지면 보통 내팽겨 처진다(토사구팽).
Jika pandai meniti buih, selamat badan ke seberang	Pekerjaan sulit dan membahayakan, bila dikerjakan dengan sabar dengan kesungguhan hati, tentu berhasil akhirnya. 어렵고 위험한 일도 인내를 갖고 열심히 할 때 성공 하게 된다. (하늘은 스스로 돕는 자를 돕는다)
Kalah menjadi abu, menang menjadi arang	Dalam pertengkaran kalah atau menang kedua belah pihak sama-sama merugi. 경기에서 이기든 지든 모두 손해이다. (먹지도 못하는 제사에 절만 죽도록 한다)
Kalah hari panas, lupa kacang akan kulitnya.	Seseorang yang telah lupa akan-asal usulnya karen sudah mendapat kedudukan yang lebih tinggi/hidup mewah. 어떤 사람은 직책이 높아지거나 부자가 됨으로써 자신의 본분을 잊는다.(개구리 올챙이 적 생각 못한다)
Karena nila setitik, rusak susu sebelanga	Karena kesalahan satu orang tapi akibatnya dirasakan oleh semua orang. 한 사람의 잘못으로 인하여 모든 사람의 잘못으로 귀결되어진다. (사소한 잘못으로 큰 화를 부르다.)

상용 속담	숨은 뜻 및 번역
Kecil-kecil cabe rawit, biarpun kecil pedas juga	Biar bertubuh kecil, tetapi keberaniannya tidak terkalahkan oleh lawannya. 몸집이 작아도 힘이 세거나 하는 짓이 야무진 사람을 비유하여 이르는 말. (고추는 작아도 맵다)
Lempar batu sembunyi tangan	Suka terbuat jahat, tetapi tidak mau tanggung jawab. 나쁜 짓을 하고도 모르는 체 한다(닭 잡아먹고 오리발 내놓기)
Lepas dari mulut buaya, masuk ke mulut harimau	Terhindar dari bahaya yang kecil masuk bahaya yang lebih besar lagi. 작은 위험을 피하려다 더 큰 위험을 만난다. (늑대 피하려다 호랑이를 만나다)
Licin bagai belut	Orang yang tidak mudah ditipu karena cerdik dan awas. 영리하고 조심성 있는 사람을 기만하기는 어렵다. (다 닳은 대갈마치라)
Lidah tiada bertulang	Berkata-kata itu sangat mudah sehingga orang sering seenaknya mencela orang. 말하기는 매우 쉬워 사람들은 남 말하기를 좋아한다. (남의 말 하기는 식은 죽 먹기)
Makan hati berulam jantung	Sangat sedih karena tindakan dari orang lain. 남에게 은혜를 입고서도 그 고마움을 모르고 생트집을 잡음(물에 빠진 놈 건져 놓으니 보따리 내놓으라 한다)
Maksud hati memeluk gunung apa daya tangan tak sampai	Maksudnya tinggi, tetapi sayang tidak sesuai dengan kemampuannya. 목표는 높지만 능력이 안 되어 유감스럽다. (오르지 못할 나무는 쳐다보지도 말아라)
Malam berselimut embun, siang bertudung akar	Orang yang sangat sengsara hidupnya dan tak punya apa-apa. 죽을 수밖에 없는 어려움을 당하여 어쩔 수 없게 된 경우. (낚싯바늘에 걸린 생선)

상용 속담	숨은 뜻 및 번역
Malang tak bisa ditolak, mujur tak bisa diraith	Kecelakaan atau penderitaan yang pasti akan terjadi karena itu sudah menjadi takdirnya. 반드시 당할 사고나 고통. (숙명이라면 피할 수 없다)
Malu-malu kucing	Berbuat pura-pura malu, tetapi nyatanya mau. 부끄러운 척 하지만 속으로는 하고 싶어 한다. (내숭을 떤다)
Masuk di telinga kanan, keluar di telinga kiri	Selalu tidak mau memperhatikan petunjuk orang lain. 다른 사람의 말(조언)에 신경 쓰지 않는다. (한 귀로 듣고 한 귀로 흘린다)
Menepuk air didulang terpecik muka sendiri	Jika menceritakan kejelekan keluarga kita, kita juga akan ikut kena akibatnya. 자기 편 흉을 본다. (제 얼굴에 침 뱉기다).
Menjilat air liur	Dulu dibenci, sekarang disayang. 이전에는 미워했지만 지금은 좋아한다. (어제의 적이 오늘의 동지)
Musang berbulu ayam	Orang itu hatinya jahat, tapi dia pura-pura menjadi orang yang bijaksana. 마음씨가 나쁘지만 현명한 척한다. (겉과 속이 다르다)
Musuh dalam selimut	Musuh yang berasal dari kalangan sendiri. 제게 가까운 일을 먼 데 일보다 오히려 모른다는 뜻. (등잔 밑이 어둡다)
Nasi sudah menjadi bubur, tak dapat dikedang lagi	Pekerjaan salah yang telah terlangjur terjadi dan tidak dapat dipulihkan kembali. 한 번 저지른 일은 돌이 킬 수 없다. (쏘아 놓은 살이요 엎지른 물이다)
Pagar makan tanaman	Seseorang yang merusak kepercayaan yang diberikan kepadanya. 자신에게 주어진 신뢰를 깨뜨린 사람. (믿는 도끼에 발등 찍히다)
Panas-panas tahi ayam	Semangat mengerjakan sesuatu tapi semangatnya hanya sementara. 어떤 일을 하고자 하는 열망은 오래 가지 않는다. (작심삼일)
Panas setahun dihapuskan oleh hujan sehari	Perbuatan baik yang banyak, hilang oleh kesalahan sedikit. 좋은 일을 많이 했더라도 조금의 잘못으로 무용지물이 된다. (다 된 밥에 재 뿌리기)

상용 속담	숨은 뜻 및 번역
Pucuk di cinta ulam tiba	Sesuatu yang dia inginkan lebih besar dari apa yang bisa dia harapkan akan terjadi. 실지 가능한 것 보다 바라는 것이 더 크다. (바다는 메워도 사람의 욕심은 못 채운다)
Sebelum hujan sedia payung	Sebelum kesulitan tiba, bersiap-siaplah segala sesuatu kebutuhan yang diperlukan. 어려움이 닥치기 전에 미리 모든 필요한 것들을 준비하라. (거미도 줄을 쳐야 벌레를 잡는다)
Sekali merengkuh dayung, dua tiga pulau terlampui	Sekali pergi ke suatu tempat, tapi dapat menyelesaikan 2 atau 3 masalah/ pekerjaan. 어떤 곳에 한 번 갔지만 2, 3가지 문제를 끝냈다. (하나를 가르치면 두세 가지를 안다)
Sepandai-pandainya tupai melompat, sekali-kali bisa jatuh juga	Sepintar-pintarnya orang, pada suatu ketika akan mengalami kesalahan juga. 아무리 능숙한 사람도 실수할 때가 있다는 말. (원숭이도 나무에서 떨어질 수 있다)
Seperti anak ayam kehilangan induk	Suatu keluarga yang tercecer karena induknya sudah tidak ada lagi. 어떤 가족은 어머니가 없으면 뿔뿔이 흩어지기도한다. (지도자가 없어 오합지졸이 되다)
Seperti anjing dengan kucing	Dua orang yang tidak dapat didekatkan karena selalu bertengkar. 두 사람이 항상 싸워 가까워질 수 없는 상황. (개와 고양이 사이)
Seperti api dalam sekam	Suatu masalah jika didiamkan saja tidak diselesaikan, lama-lama akan menimbulkan kesulitan buat dia. 할 일을 제때가 지난 뒤에야 함을 조롱하여 이르는 말. (사또 떠난 뒤에 나팔 분다)

상용 속담	숨은 뜻 및 번역
Seperti ilmu padi, makin berisi makin runduk	Makin pandai seseorang tapi makin sombong bahkan semakin bijaksana perilakunya. 점점 똑똑 해졌지만 점점 거만해진데다 점점 편법도 늘어간다. (벼는 익을수록 고개를 숙인다)
Seperti kejatuhan bulan	Mendapat keuntungan yang sangat besar. 뜻밖의 요행이나 큰 행운을 얻음. (공중을 쏘아도 알과녁만 맞힌다)
Seperti kerbau tercocok hidung, dihelakan ke kiri ia ke kanan	Selalu ikut tanpa mau berpikir dulu. 남이 권하면 무엇이나 잘 듣는 사람을 두고 이르는 말. (권에 못 이겨 방립 산다)
Seperti katak di bawah tempurung	Orang yang sedikit pengetahuan dan pengalamannya. 지식이 얕고 경험이 일천한 사람. (기역자 왼 다리도 못 그린다)
Seperti pinang dibelah dua	Wajah kedua orang yang hampir sama. -〉 Muka/ wajah orang itu mirip. 모양이 비슷하고 서로 인연이 있는 것끼리 편을 든다는 말. (가재는 게 편이라)
Seperti si cebol rindukan bulan	Cita-cita orang miskin yang susah dicapai. 열의가 부족하면 성취하기 어렵다. (진인사 대천명)
Seperti telur di ujung tanduk	Keadaannya sangat membahayakan sekali, bila salah sedikit bisa celaka. 매우 위험한 상황에서는 약간의 실수도 사고가 날 수 있다. (위험한 상황에서의 방심은 금물)
Sesal dahulu pendapatan, sesal kemudian tak berguna	Setiap melakukan tindakan atau keputusan harus dipikir sungguh-sungguh, supaya tidak salah dan akan meyesali keputusan itu. 매 조치나 결정은 잘못되거나 그 결정을 후회하지 않도록 정말로 신중하게 하여야 한다. (돌다리도 두드려 보고 건넌다)
Setali tiga uang	Tingkahnya sama dengan orang lain. 모방하기를 좋아 한다. (숭어가 뛰니까 망둥이도 뛴다)

상용 속담	숨은 뜻 및 번역
Tak ada gading yang tak retak	Tidak ada segala sesuatu yang tidak memiliki kekurangan. 아무리 그 일에 능숙한 사람이라도 간혹 실수할 때가 있다. (원숭이도 나무에서 떨어진다)
Tong kosong nyaring bunyinya	Orang yang banyak bicara itu belum tentu berilmu. 말이 많은 사람은 지식도 많다고 볼 수는 없다. (말 많은 집은 장맛도 쓰다)
Ular berkepala dua	Orang yang culas, selalu memihak kepada yang menang. 마음이 곧지 못한 사람은 항상 승자의 편에만 선다. (간에 붙었다 쓸개에 붙었다한다)
Utang emas dapat dibayar, utang budi dibawa mati	Utang barang itu dapat dibayar, tetapi kebaikan seseorang itu tidak dapat dibayar dengan uang. 물건은 돈으로 살 수 있지만 좋은 품성은 돈으로 살 수 없다.

평화와 휴식의 낙원이며 싱가포르의 해협에 면해 있어 해상교통로의 요충지

 # 인도네시아어 실전에 강해지려면?

1. 인도네시아 일간지를 구독하며 매일의 관심 뉴스를 번역해 본다.

2. TV 뉴스를 꾸준히 시청하면서 아나운서의 화법에 귀 기울인다.

3. 현지인들과의 잦은 대화 시간을 가진다.

4. 애매한 문장이나 단어들은 상시 메모하는 습관을 들인다.

   그리고 많이 배운 현지 직원 등에게 이해될 때까지 문의 및 학습한다.

5. 틈나는 대로 큰 서점을 둘러본다.

   의외로 자신에게 필요한 서적을 발견할 수 있다.

VIII. 문장의 유형(Jenis-Jenis Kalimat)과 실전 응용

인도네시아어 역시 문장의 종류는 다양하지만 이미 초급 단계에서 눈에 익은데다 초급 단계에서 품사 등의 학습을 통하여 많이 접하셨을 예문인 평서문, 의문문, 감탄문, 명령문, 긍정문, 부정문 등은 생략을 하고 중급 이상 수준을 위한 형태별 유형만 보여 드리고자 합니다. 단문, 중문, 복문, 복합문의 순으로 점점 문장 독해의 난이도가 높아 가는 부분이므로 수시로 여러 매개체를 이용하여 독해, 작문 연습을 해 보시면 큰 도움이 됩니다. 특히 독해에서 대부분 학습자들을 괴롭히는 복합문의 학습에 많은 할애를 하셔야겠습니다.

1. 단문(Kalimat tunggal)

1) 홑문장이라고도 합니다. 간단하게 주어와 술어로 구성되어 있는 형태.

2) 단문의 구조별 유형

    가. 명사 + 명사　 : Dia mahasiswa.
    나. 명사 + 동사　 : Saya makan
    다. 명사 + 형용사 : Dia cantik
    라. 명사 + 수사　 : Saya Nomor satu.
    마. 명사 + 전치사 : Saya di sekolah

3) 예문

    가. Rumah itu (rumah)baru. 그 집은 새 집이다.
    나. Murid-murid itu sedang belajar di sekolah.
       그 학생들은 학교에서 수업 중이다.

2. 중문(Kalimat majemuk setara)

1) 둘 이상의 절이 대등하게 이어진 문장 형태. (setara : 대등한)

2) 주로 등위 접속사 dan, tapi, atau 등으로 연결되는 문장.

3) 예문

　　가. Besok saya ke Puncak dan adik saya ke Bandung.
　　　　내일 나는 뿐짝으로 가고 내 동생은 반둥으로 간다.
　　나. Saya suka main golf tapi dia suka main sepak bola.
　　　　나는 골프를 좋아하지만 그는 축구를 좋아한다.
　　다. Kamu mau minum kopi atau teh? 너 커피 마실래? 차 마실래?

3. 복문(Kalimat majemuk bertingkat)

1) 둘 이상의 문장이 종속접속사로써 하나의 문장으로 되는 형태.

2) 종속 접속사 meskipun, karena, jika, setelah, sebelum, sehingga, padahal, maka 등이 사용

3) 예문

　　가. Saya akan tetap mencintai mu meskipun kamu tidak mencintai ku.
　　　　네가 나를 사랑하지 않더라도 나는 너를 사랑할 것이다.
　　나. Jika saya menjadi orang kaya, saya akan membeli barang-barang yang
　　　　saya suka.
　　　　내가 만일 부자가 된다면 나는 좋아하는 물건들을 마음껏 살 거야
　　다. Dia sedang marah-marah ke saya karena saya tidak menepati janji
　　　　dengannya.
　　　　그녀는 내가 자기와의 약속을 어겨 내게 화를 막 내고 있다.

4. 복합문(Kalimat majemuk setara-bertingkat)

1) 중문을 하나 이상 포함한 복문 형태.

2) 복합문의 주요 3 가지 형태

   가. 중문 + 종속접속사 + 단문
   나. 단문 + 종속접속사 + 중문
   다. 중문 + 종속접속사 + 중문

3) 예문

   가. Saya suka main piano dan adik saya suka main gitar, maka kita sering ikut main konser di sekolah.
   나는 피아노 치기를 동생은 기타치기를 좋아하여 우리는 자주 학교 주최 콘서트에 참여한다.

   나. Saya pintar main hampir seluruh olah-raga padahal saya pendek dan kurus badannya.
   내 신체는 작고 호리하지만 거의 모든 운동에 능하다.

   다. Teman saya menahan sakit dan bekerja terus sehingga dia ke rumah sakit dan dirawat selama 1 minggu.
   내 친구는 아픔을 참고 계속 근무하다 급기야 병원에 1주일 간 입원 치료 중이다.

   라. Para petani sedang sangat khawatir karena sawahnya terancam gagal panen, akhirnya musibah banjir yang terjadi telah merendam sebagian besar sawah di desanya.
   모든 농부들은 그들의 논이 (홍수로 인한)수확 손실을 매우 걱정 했는데 우려한 대로 홍수가 발생하여 그 마을 대부분의 논들이 물에 잠겼다.
   cf. sebagian besar : 대부분, merendam : (물에) 잠기다, 담그다

   마. Saya akan berangkat meskipun hari hujan atau udaranya panas.
   비가 오거나 더운 날씨일지라도 난 출발할 것이다.

5. 문장 부호의 기능

1) 첫 글자가 대문자로 되어야 하는 경우

가. 신에 대한 표현
'- Allah, Mahaagung, Alkitab, Quran ridhonya

나. 뒤에 사람의 이름이 붙을 때의 존칭어, 후예, 귀족
'- Haji Udin, Nabi Musa, Imam Fatna

다. 뒤에 사람의 이름, 대리인, 장소가 붙을 때의 직책, 계급
'- Dokter Budi, Kapolsek Bambang, Bupati Arif, Menteri Perhubungan

라. 사람의 이름
'- Bambang Gunawan

마. 요일, 월, 년, 경축일, 명절
'- Hari Rabu, bulan Juli, tahun Hijrah, hari Natal

바. 종족, 언어, 민족, 종교
'- suku Madura, bahasa Indonesia, bangsa Melanesia, agama Islam

사. 지역 명
'- Samudra Hindia, Laut Jawa, Gunung Merapi, Danau Toba, Jalan Sudirman, Pantai Samas,

아. 국가 명, 법규, 협회 명, 지시 등
'- Repubik Indonesia, Undang-Undang Pendidikan, Keputusan Presiden, Mahkamah Agung

2) 문장 부호

가. 마침표(Tanda Titik) (.)
a. 시, 분, 초 : 02.30.15 -〉 2시 30분 15초
b. 수사(기수)의 천 단위 : 35.500 -〉 3만 5천 5백

나. 구두점(Tanda Koma) (,)
a. 나열
Satu, dua, tiga
Cepat belikan kertas, pensil, penghapus.

b. 주문, 술문 구분

　Jangan anda ke sana, saya yang ke sana.

c. 복문 내의 구분

　Dia kaya, tetapi sombong.

d. 문장의 서두

　Oleh karena itu, ~

e. 감탄사의 서두

　Wah, besar sekali!

f. 부연 설명이 붙는 명사

　Santi, istri Pak Heri, ~

다. 연결선(Tanda Hubung) (－)

　a. 음절 연결

　　ge－o－gra－fi,　trans－mig－ra－si

　b. 반복어 사이

　　anak－anak, buah－buahan

　c. 접사가 숫자, 대문자, 직책과 연결 시

　　ke－2, se－Indonesia, KTP－nya, Menteri－Perhubungan Negara

　d. 외국어와 연결 시

　　di－smash, di－shoot

라. 절단선(Tanda Pisah) (－)

　a. 범위, 간격

　　2001-2010 －〉 2001년부터 2010년까지

　　Jakarta-Surabaya －〉 자카르타에서 수라바야 구간

　b. 문장의 세분화

　　Rakyat-Korea-selatan.

마. 큰따옴표(Tanda Petik) (" ")

　a. 직접 화법

　　"Saya mau ke pasar sekarang." kata istri.

　b. 제목 표시

Bacalah syair "Untukku".   cf. syair : 시(= puisi, sajak)

　c. 전문 용어(istilah)

　　"Idul Fitri"

바. 사선(Tanda Garis Miring) (/)

　a. 문서번호, 2개년도

　　No.001/Cho/X/2010 liga 2010/2011

　b. 단가 표시

　　Harganya Rp.1,000/kg.

사. 콜론(Tanda Titik Dua) (:)

　a. 회화체(dialog, teks percakapan)

　　Ibu　: "Kapan kamu ke sekolah?"

　　Anak : "Sebentar lagi, Bu."

　b. 세부 내역

　　Saya membeli peralatan mandi : sabun, handuk, dan gayung.

　c. 세부 일정

　　Tanggal : ~, pukul : ~, tempat : ~.

아. 세미콜론(Tanda Titik Koma) (;)

　a. 복문의 분리

　　Saya sedang mandi; Istri sedang memasak.

6. 문서의 작성

1) 개인용 문서(Surat Pribadi) 샘플

Cikarang, 10 Oktober 2010

Untuk temanku Budi

Budi, apa kabar? Semoga sehat-sehat saja. Saya dan keluarga saya di Cikarang juga dalam keadaan sehat-sehat.

Budi, rencana saya untuk liburan dari tgl.15 Oktober s.d tgl.18 di Puncak . Jika anda tidak ada halangan, saya ingin anda dan keluarga anda bergabung dengan kami di sana.

Harapan saya semoga anda bisa bergabung dengan kaml.

Saya tunggu jawabannya.

Dari temanmu
Cho Soo Min

Yu Jin Golf Club

Jln. Gn. Matoa No. 00 Lippo Cikarang

Phone 021-8990 0000 Fax 021-8990 0001

No.   : 001/YJ-GOLF/X/2010
Hal   : Undangan Turnamen Golf

Kepada Yth ,
Miss. Cho Young Jin
di-Lippo Cikarang

Dengan hormat,

Sehubungan akan diadakannya Turnamen Golf yang akan diselenggarakan pada,

Hari   : Minggu
Tanggal   : 17 Oktober 2010
Jam   : 09.00 ? selesai
Tempat   : Lapangan Golf Yu Jin

Maka bersama ini kami mengundang kehadirannya untuk mengikuti turnamen tersebut.
Dan diharapkan menghubungi Sekertaris panitia Ny. Choi Sun Ja di No. Hp 0810 0000 untuk mendaftar.

Besar harapan kami kiranya anda bisa mengikuti turnamen ini. Atas perhatiannya kami ucapkan terima kasih.

Hormat kami,
Ketua Panitia

Cho Yu Jin

3) 거래용 문서(Surat Niaga) 샘플

PT. Yu Jin

Jln. Gn. Matoa No. 00 Lippo Cikarang

Phone 021-8990 0000 Fax 021-8990 0001

No.   : 001/YJ/X/2010
Hal   : Pengiriman barang

Yth. Bp. Budi/kepala cabang Karawang

　Bersama ini kami kirimkan barang yang diminta Bp.Budi. berupa 3 unit komputer merek Samsung.

Atas perhatian Anda, kami ucapkan terima kasih.

Hormat kami,

Cho Yu Jin

4) 메모/비망록(Memorandum) 샘플

PT. Yu Jin

Jln. Gn. Matoa No. 00 Lippo Cikarang

Phone 021-8990 0000 Fax 021-8990 0001

MEMO

Hal   : Rapat Peraturan Perusahaan
Dari   : Presiden Direktur
Kepada : Seluruh manager ke atas

Mohon, disiapkan bahan rapat dan kalender untuk peraturan perusahaan tahun 2011 pada hari Kamis, 14 Oktober 2010 pukul 09.00 di ruang rapat-I kantor pusat.

10 Oktober 2010

Presiden Direktur

Cho Yu Jin

파푸아의 노을 전경

Gong 동굴 – 동부 자와 주